無門関に学ぶ

主人公となる生き方

横田南嶺

致知出版社

まえがき

人の記憶はいつ頃はじまるものでしょうか。その人その人によってさまざまでしょうが、私は満二歳の時に祖父が亡くなったことが、記憶のはじまりです。一緒に暮らしていた祖父が亡くなり、葬儀をおこない、とりわけ火葬場に行ったときのことをよく覚えています。このごろのようなきれいな火葬場ではなく、薄暗く不気味な「焼き場」で手に黒い手っ甲をはめた職員が祖父の棺桶をかまどにくべた様子を見ていました。今のようにわずかな時間で焼けるわけではありませんでしたので、一度家に帰ったと思います。その折りに火葬場を出て振り返ってみると、煙突から白い煙が上がっていました。その煙を母に手を引かれながら眺めていました。母は私に「おじいさんはあの白い煙になってお空に昇っていくの」と教えてくれました。

人は死ぬ、その様子が私の記憶のはじまりです。そしてどこに行くのか分からない、漠然とした不安を持っていました。

更に小学校に入って、同じクラスの同級生が白血病で亡くなりました。いつも一緒に遊んでいたのが、急に入院すると聞いて病院にも見舞いに行きました。そのうちきっとよくなって帰ってくるだろうと思っていましたが、あっけなく亡くなりました。葬儀には友人代表で弔辞を読んだことを覚えています。

おじいさんのようなお年寄りではなくて、同じ年の子の死ですから、これにはこたえました。葬儀の後の精進落としでも何にも喉を通らなかったことも覚えています。人は死ぬ、やがて家族とも別れなくてならない、そしてそれはいつ訪れるか分からない、不安は更につもってゆきました。

そんな頃、まだ小学生でしたが、お寺の坐禅会に参加しました。そこで由良町の興国寺の目黒絶海老師にお目にかかりました。

目黒絶海老師には、私はそう長い間ご指導いただいたわけではありませんが、初めてお目にかかった老師さまであり、子供心に強烈な印象を受けました。

いまにしても思い出しますが、当時夏でしたので、茶色い麻のお衣で、小柄な老僧が太鼓の合図で出て見えました。

その絶海老師がご提唱の前にご本尊に焼香して礼拝なされます。これがなんとも神々しく思われました。子供心に身震いするような感銘を受けました。

そのお姿に心ひかれて、坐禅に通うようになりました。生死の問題を解決する道がここにあると子供ながらに確信いたしました。そうしているうちに、お寺の和尚様から、ただ坐っているだけではだめだから独参に行ってきなさいと言われて、由良の興国寺まで行って相見させていただきました。まだ中学生だったかと思います。

絶海老師から初めてうかがったのが『無門関《むもんかん》』の提唱でありました。老師は興国寺に住されていましたので、『無門関』を大切になさっていました。『無門関』は、由良町興国寺の開山である法燈《ほっとう》国師（心地覚心《しんちかくしん》）が、宋の国に渡って『無門関』を編纂した無門慧開禅師からいただいて持ってこられたのでした。

小学生の頃にこの『無門関』の提唱を初めて聞きましたが、難しい漢文の内容はとても理解できるものではありませんでした。しかし、その漢文の持つリズムに感動しました。中学の頃には自分で『無門関』の本を購入して学ぶようになりました。私が初めて書店で注文した書籍が山本玄峰《げんぽう》老師の『無門関提唱』でありました。そして『無門関』全文を書き写したりしていました。

中学生の頃から禅問答の修行を始めていましたが、問答の修行においてもはじめは『無門関』の公案について参究します。第一則の「趙州狗子《じょうしゅうくす》」には年数をかけて参じます。そのほかの公案についても、大学生の頃に参究していました。更に大学を出て修行道場に入ってからは、本格的に公案に参究しました。『無門関』の全文はみな暗誦していました。

　三十五歳で円覚寺僧堂の師家《しけ》となって修行僧を指導する立場になり、まずはじめに講義をしたのは、やはり『無門関』でした。四十六歳で管長になって、円覚寺の夏期講座でも『無門関』の講義を始めて、一年で四則ずつ十二年かけて四十八則の公案をすべて講じたのでした。

　小学生の頃に出会ってから今日に到るまで『無門関』は私によって最も馴染みの深い禅籍であります。その『無門関』を致知出版社のセミナーで五回にわたって講義をしたのでした。それぞれのテーマに合わせて『無門関』の中から公案を選んで講義してみたものです。

　この混迷の時代においても、およそ八百年前の禅の書籍が、何かお役に立つことがあるのではと思っています。

　とりわけ、この『無門関』の講義が、コロナ禍の最中である二〇二一年に行われたことも印象深いものです。思うようにならない、困難な状況でも如何《いか》に生きるか、禅の教えから学んでみようと思って講義したものです。

無門関に学ぶ＊目次

第一講　一度自己を無にしてみる

第二講　真実の自己を確立する

第三講　主体性を持つ

第四講　生死の一大事

第五講　理想を掲げて現実を生きる

『無門関』本文の訓読は、応永十二年広園寺で開版された『無門関』の訓点によっています。

『無門関』本文のあとの（　）内の現代語訳は、大蔵出版『新国訳大蔵経中国撰述部①—6禅宗部　法眼録　無門関』にある柳幹康先生の訳文を参照し、一部は訳文を補って引用しています。

但し、《　》に書いているのは、筆者が補ったものです。

第一講

一度自己を無にしてみる

●世の中の変化にとらわれずに変わらないものを学ぶ

皆さん、こんにちは。どうぞよろしくお願いいたします。

コロナ禍《か》にあって、私たちは大変な時代を生きていることを実感いたします。どういうわけか、私なんかを取材したいというご依頼がいろんなところから相次いでおります。私のようなものが世の中で注目されるというのは、世の中がよくない時だと思います。皆が平和で幸せで、それぞれの仕事に向かって邁進《まいしん》していれば、我々の存在は忘却されることでしょう。それが一番いい世の中の状況なのだろうと思います。お呼びがたくさんかかるというのは、これは大変な時なのだなとしみじみ思います。

経営者の集まりからもお声がかかりました。先だっては日本経営合理化協会という大きな組織から、経営者のために禅の話をしてほしいというので行ってまいりました。その冒頭に私は、「今はもう禅宗のお寺も困っています」というお話をしました。

お寺には民衆に支えられてきたお寺もありますが、円覚寺《えんがくじ》は明治維新まで、幕府に支えられてきたお寺です。明治維新によってその経済的基盤を失い、その後、今北洪《こう》川《せん》老師や釈宗演《しゃくそうえん》老師という方が出まして、坐禅を多くの人に体験してもらい、禅というものを多くの人たちに説いて、生きていく〝よすが〟にしてもらうという新しい道を開きました。そこに若き日の夏目漱石《そうせき》が来ていたり、鈴木大拙《だいせつ》という青年がいたりという時期があったのです。

戦後になりますと、我々は「拝観」と言いますが、いわゆる観光事業をするようになりました。観光に訪れる方々に幾ばくかの志納金、すなわち入場料を納めていただいて経済的基盤を得ていたのでございます。それが、このコロナ禍の影響で七割の収入減となりました。『無門関《むもんかん》』の講義をやっている場合ではないんです（笑）。本当に大変です。どうにか生き延びているといったところです。ですから、偉そうに社長さんたちに語るより、こっちが経営の勉強しなければならない。それが今、私どもが置かれている実情です。

昨年（二〇二〇年）あたりはコロナもほんの一時の雨宿りぐらいのつもりかなと思っていましたけれども、どうも雨宿りどころじゃなくて、トンネルでございます。そのトンネルも、そのへんの町のトンネルではなくて高速道路のトンネルです。いつ終わるのか全《まった》く出口の見えない長いトンネルに入っている。おそらく皆さん方もそんな感じがしているのではないかと思います。そういう状況ですから、私のところにもいろんな分野の人が取材に来たりしているのでしょう。

禅宗ではコロナをどう捉えているのですかと聞かれたことがあります。私は言いました。禅の書物にはコロナについて何も書いていないからわかりません、と。お釈迦《しゃか》様も知らなかったことですから、お経にも書いていません。ただ唯一わかっているのは、やがて終わるということです。それは真実でしょう。ただ、いつが終わりかがわからない。だから、皆さん心配するのでしょうけれども、もう一息ぐらいでいよいよトンネルも終わるんじゃないかと私は思っています。

そんな中で『無門関』を学ぶことにどんな意義があるのでしょうか。先にそんなことをやっている場合ではないと言いましたけれども、『無門関』を学んだからといって、あるいは坐禅をしたり禅を学んだからといって、我々禅の本山が困っているぐらいですから、現実に何かにすぐに役立つというわけではないと思います。でも、「こういうときなればこそ」というような言葉もよく聞きますが、こういうときなればこそ世の中や経営に何も関係のないことを淡々と学んでいるというのが大事だと思うのです。

この間、カトリック聖心会の鈴木秀子先生と『致知』で対談をしました（二〇二一年一〇月号)。鈴木先生は昭和八年、今の上皇陛下と同じお生まれですから終戦の年が十二歳でしょうか。戦中から戦後と世の中の価値観が全く変わっていくという中で、何を拠《よ》り所にして生きていったらいいのかという答えを求められて聖心女子大に入られたそうです。そこではシスターたちが、世の中がどういうふうに移り変わろうが全く変わることのない修道生活をしていて、その姿に心を打たれてカトリックの道を歩んだとお話をされていました。こういう時期に間近で鈴木先生のお話を聞いて、やっぱりそういう世界が大事なのだなと改めて思いました。

ですから、こういう時代、こういう世の中でありますけれども、コロナも五輪も全く関わりのない『無門関』を敢《あ》えて学ぶというのはいいのではないかなと改めて思うのです。

●四十八問の禅の問答を取り上げた『無門関』

私は今、京都の花園大学という大学の総長の仕事を引き受けております。花園大学臨済禅《りんざい》の心を建学の精神とする大学です。もともとは臨済宗大学と言っておりましたが、今は花園大学と呼んでいます。花園天皇という、時の天皇が妙心寺という臨済宗の本山を建てられたことにちなんで名前がつけられた大学です。

今年（二〇二二年）、我が大学の卒業生の宮川潤一さんがソフトバンクの社長になったというので大きな話題になりました。宮川さんは私より歳は一つ下だと思いますが、副社長の時代に対談させてもらったことがあります。元々お寺のお生まれだったことから臨済宗の大学である花園大学で四年学ばれたのですが、お寺の跡は継がずに起業されて成功し、その後、孫正義さんと出会ってその考えに惚《ほ》れ込んで会社を立ち上げたという、ソフトバンクの携帯電話事業に草創期から関わっておられる方です。

対談したときに、「花園大学に通った四年間にいろんな先生方のいろんな講義を聞いたと思いますけれども、一番印象に残っている講義はなんですか」と聞きました。私などの世代であれば山田無文《むもん》老師などはすでに第一線を退いておられましたから、どういう老師の話かな、どういう先生の話かなと思って聞いたところ、宮川さんは即座に「それは坐禅の時間でした」と答えました。大学には大きな坐禅堂がありまして、そこで学生たちが坐禅をするのですが、その時間が一番忘れられないと。ああ、そういうものかと思いました。先生方にとってみれば、一所懸命喋《しゃべ》ったのに何も喋らない坐禅の時間が一番よかったと言われると複雑な思いかもしれません。しかし、そういうところに禅の素晴らしさがあるのだろうと思います。その素晴らしさを知るために、他のたくさんの講義があったのではないかなと思うのです。

そこで『無門関』ですが、今、一番簡単に『無門関』を調べようと思えば岩波文庫でしょうか。訳注は西村恵信先生という、私が総長を務めている花園大学の元学長であった先生でいらっしゃいます。この講義では私が読み下した文をテキストにしておりますけれども、読み方やルビの振り方に多少の違いがあります。しかし、それは読み癖というようなもので、そんなに大きな違いではないと思います。

漢文を読む場合、私どもは最初に素読というのをいたします。ただ読むのですね。日本の漢文教育というのは、昔はほとんど素読でした。私ども禅の語録でも、解説よりも大切なのは素読であると言われます。それは漢文の持つリズムや響きを感じることができるからです。私が漢文に初めて触れましたのが小学五年生のときでしたけれども、漢文のリズムというか、文章に感激をして、書き写したり暗誦《あんしょう》したりして、それ以来こうやって変わらずにやっているのです。

しかし、今の一般の人には漢文は難しいものなのかなと思います。この間、鈴木秀子先生と対談をしたときのテーマは「イエスと釈迦」というものでした。鈴木先生がイエス様のお話をして、私は釈迦ですから仏陀《ぶっだ》のお話をしました。仏陀は漢文を知らないんですよ。仏陀はインドの人で、漢文は中国語ですから、お釈迦様は漢文を読めなかったのです。しかし、お釈迦様の言葉は漢文ではありませんし、私も現代語訳したものでお話をしますからわかりやすいんです。そういう点で、漢文にはいい面もあるのですけれども、今の人にはわかりにくいというのはやむを得ないところがあろうかと思います。

今回お話をしていく『無門関』というのは、四十八問の禅の問答を取り上げた書物でございます。それを頭からやっていくと大変時間もかかりますので、五回でおおよその禅というものの教えが学べるように、昨年（二〇二〇年）度の『臨済録』の講義に倣《なら》いましてテーマを決めて進めたいと考えております。

まず『無門関』というのは、書物の頭に「無」がついています。「無」という関門であり関所であると。今日はその「無」の一字について学んでいきます。「無」ということが『無門関』の大きな特徴ですので、第一回目のテーマも「一度自己を無にしてみる」というものにいたしました。

しかし、禅の修行では、無は終わりでは決してありません。無からもう一度有に戻り、そこから真実の自己を確立していきます。それを次回の第二講で学びたいと思います。

そして自己を確立したら主体性を持って生きる。このあたりは『臨済録』とも通じるところですけれども、第三講では主体性を保っていくというテーマで、それに関係する『無門関』の問題を取り上げます。

それから第四講では「生死の一大事」という、お釈迦様以来の仏教の一番の根本問題を取り上げます。「生死」と書いて私どもは「しょうじ」と読んでおりますが、「人間、生まれて死ぬ」というこの一大問題ほどの問題はないのです。お寺もコロナで収入が減って大変だと言いましたけれども、しかし人間が生きて死ぬという大問題から見れば大きなことではないのです。

最終の第五講には、「理想を掲げて現実を生きる」というテーマを掲げました。禅の高い真理、高い理想、高い思想を学んでおいて、その高い世界に逃避してしまうのではなくして、そういう理想を学びながら現実の些細《ささい》なことに目を向け、凡事《ぼんじ》徹底して生きていこうということです。

今回はそういう五つのテーマを掲げて、それぞれに関係する『無門関』の問題を二つないし三つ取り上げてお話ししていきたいと思っております。ですから、順番に四十八の問題を学ぶわけではないということをあらかじめお伝えしておきたいと思います。

●「無」の一字を六年間参究し続けた無門慧開禅師

最初に『無門関』を書いた無門慧開《えかい》禅師という人についてお話しいたします。この講座は人間としての生き方を学ぶということが主眼ですので、歴史的なこと、文献的なことはあまり細かく詮索《せんさく》せずに、必要なことのみお伝えしておこうと思います。

この無門慧開禅師は中国の南宋の時代の方です。西暦一一八三年に今の浙江《せっこう》省杭《こう》州《しゅう》市に生まれ、一二六〇年に亡くなっています。杭州のあたりには私も何年か前にお伺いしたことがありますけれども、なかなか気候が良くて住みやすそうな、景色の良い所でした。

無門慧開禅師は月林師観《げつりんしかん》禅師という人に参禅をして、そこで今日のテーマとなります趙州和尚《じょうしゅうおしょう》の「無」の一字を問題として与えられました。趙州和尚の言った「無」

とはなんであるかという問題を与えられたのです。そこで、問答を六年間もやり続けます。つまり、六年間、透過しなかったのです。毎日朝晩、月林師観禅師から「だめだ、だめだ、だめだ、そんなものではない」と言い続けられて、一年三百六十五日、雨の日も風の日も六年間否定され続けたのです。

これは並大抵のことではありません。普通の人間なら同じ問題を三か月もやっているると嫌になります。六か月もやると本当に嫌になりますし、一年も経てば自暴自棄になるものです。ところが、無門慧開禅師は六年間、一つの問題をひたすら参究し続けたのです。

そして、六年経ったある日のこと、お昼ご飯の合図の太鼓の音を聴いてパァーっと心境が開けるのです。そのときに、無門慧開禅師はこういう漢詩を作っています。

晴天白日一声の雷《らい》。
大地の群生《ぐんじょう》　眼《まなこ》豁開《かっかい》す。
万象森羅《ばんしょうしんら》斉《ひと》しく稽首《けいしゅ》す。
須弥《しゅみ》踍跳《ぼっちょう》して三台を舞う。

これは次のような意味になるでしょう。

晴天白日一声の雷《らい》。
大地の群生眼《まなこ》豁開《かつかい》す。

晴天白日に雷の一声、からからからからーっと轟《とどろ》いた。その一声で、この世界の生きとし生けるものの目がパァーっと開いた。

「一声の雷」とは、太鼓の一声を表しています。どどーんと太鼓が鳴り響いたということです。

万象森羅斉《ひと》しく稽首《けいしゅ》す。

この世界の大自然のありとあらゆるものが皆等しく平伏して頭を下げた。

みんなが「なるほど、わかった」と頭を下げたというわけです。この「万象森羅」とは森羅万象と同じです。逆さまにしたのは、漢詩に平仄《ひょうそく》があるからです。平仄とは、漢字の音を平音と仄音の二つに分けたものです。漢詩をなさっている方はおわかりだと思いますが、森羅の「羅」は平字、万象の「象」は仄字になります。漢詩ではここのところは二文字目が仄字、四文字目が平字でなければならないという規則があるため、「森羅万象」としてしまうと平仄が合いません。そこで森羅万象を引っ繰り返して万象森羅としているのです。

須弥《しゅみ》踍跳《ぼっちょう》して三台を舞う。

須弥山が跳び上がって流行り歌を歌いながら舞を舞っている。

この「須弥」はインドの古い伝説にある須弥山のことです。伝説では、この世界の中心に高い山があると考えられていました。それは富士山だのエベレストだのといった程度ではなくして、とてつもなく大きな山です。その山が飛び跳ねて「三台を舞う」。「三台」は歌の曲の名前ですから、歌いながら舞っているというのです。

無門慧開禅師の喜びが伝わってくる漢詩です。この無門慧開禅師のことを形容した言葉が残っています。

師、形枯れ神朗《しんほが》らかに、言朴《ごんぼく》にして旨玄《しふか》く、紺髪逢鬆《こんぱつほうそう》として弊垢衣《へいくえ》を著《つ》く

「形」というのは体です。「形枯れ」ですから痩せていたのでしょう。それでいて精神は朗らかで、「言朴」ですからそんなにべらべら喋《しゃべ》らず、朴訥《ぼくとつ》としている。しかしながらその言葉の「旨」内容は「玄」奥深かったと。

建仁寺に伝わる無門慧開禅師の肖像画を見ますと髪を伸ばしています。「蓬鬆《ほうそう》」ボサボサの髪で、「弊垢衣《へいくえ》」ぼろぼろの衣を着ていたと。修行道場では「開道者《かいどうしゃ》」という呼び方をされていたという方です。

南宋時代の嘉定《かてい》十一年（一二一八年）に無門慧開禅師は報国寺という寺に入り、淳祐《じゅんゆう》六年（一二四六年）には杭州の護国寺に入りました。そのときに日照りが続いて、時の理宗《りそう》皇帝から雨乞《ご》いを頼まれました。禅師が雨乞いをすると雨が降ったので、そのご褒美に皇帝は「仏眼《ぶつげん》禅師」という名前を授けてくださったというのです。

昔はよく雨乞いというのがありました。鎌倉時代でも日照りが続いて、いろんな高僧方が雨乞いをしたようです。円覚寺にも雨乞いのお経というものが残っています。しかし、近年は雨乞いはしません。雨雲レーダーを見れば、いくら祈っても今は降らないとわかりますし、何分後に降るというのもわかります。わかっていると人間は祈らなくなるものでしょう。

ですから、この頃はてるてる坊主もあまり見ないでしょう。昔はてるてる坊主を作って「あした天気になぁれ」とお祈りをしましたけれども、今はそんなことしなくても、明日が天気かどうかはほぼわかります。いいか悪いかわかりませんけれども、科学が発達してよくわかるようになった一方で、人間は祈らなくなったように思います。

無門慧開禅師は四十六歳のとき、修行僧を指導するための四十八の問題を取り上げて、『無門関』を作りました。

この『無門関』は、俳人の（種田）山頭火《さんとうか》が酔っ払って電車を停めてしまってお寺に匿《かくま》われたときに読んで感動したという逸話があります。日本においては禅の書物の中では『碧巌録《へきがんろく》』や『臨済録』と並ぶくらい親しまれて、広く知られている書物です。しかし、中国の禅宗界において『無門関』はほぼ無名だそうです。本場の中国では全く注目されずに、日本だけで有名になった書物なのです。日本には『無門関』の本が結構たくさんありますし、岩波文庫にも入っていますけれども、中国の禅宗では、それほど知られていたわけではないそうです。我々が知っているからといって、必ずしも皆が知っているというわけではないということです。

このような本は他にもあります。たとえば、皆さんよくご存じの『十八史略《じゅうはっしりゃく》』も、中国ではほとんど顧みられないのだそうです。私は中学校の頃、『十八史略』の漢文に心引かれてよく読んだものですが、これも日本で有名になった書物だそうです。

●『無門関』を日本に伝えた心地覚心

そんな『無門関』が日本に伝わった話をさせていただきます。心地覚心《しんちかくしん》、諡《おくりな》を法燈《ほっとう》国師という日本のお坊さんがいました。生年が承元元年（一二〇七年）ですから鎌倉時代初期の人です。信州のお生まれです。この方は十九歳でお坊さんになって、ずっと高野山で真言密教《しんごんみっきょう》の修行をなさっていました。その方が禅を学びました。真言と禅は大乗仏教の中でも最後の方にできた教えで、共通している部分も多いのです。

そのため密教を勉強しながら禅にも関心を持って四十三歳のときに南宋の国に渡りました。当時、中国の禅宗の第一人者は無準師範《ぶしゅんしばん》禅師という方でした。この方は諡を仏鑑《ぶっかん》禅師といいます。京都に東福寺という大きなお寺がございますが、あそこのご開山は駿河の国、静岡の人で、中国に渡って無準師範禅師について修行をして印可という修行が終わったという証明書をもらって日本に帰って東福寺を開いています。

その方の勧めもあって、心地覚心禅師は無準師範禅師のところに行って修行をしようと南宋を目指したのです。ところが、中国に行ったときにはもう無準師範禅師はお亡くなりになっていました。それでしばらく困ったわけですけれども、四年ほど経って、杭州護国寺の無門慧開禅師について参禅をすることになりました。

そのときに心地覚心禅師は四十七歳ですから、修行僧といっても随分歳がいっていました。当時の四十七歳ですから、今でいえば七十歳ぐらいの感覚ではないでしょうか。無門慧開禅師は七十一歳でしたから、今でいえば九十歳ぐらいの感じでしょう。そのときの問答の様子が伝わっておりますが、緊迫感が伝わってきます。

無門が才《わずか》に見るや、即ち擒住《きんじゅう》して曰く、
「我が這裏《しゃり》に門無し、何処《いづこ》従りか入る」と。
師（＝覚心）云く、「門無き処従り入る」と。
門問う、「汝《なん》じ名は什麽《なん》ぞ」と。
師云く、「覚心」と。
門即ち偈《げ》を作りて曰く、
「心は即ち是《こ》れ仏、
仏は即ち是れ心。
心と仏と如々《にょにょ》、

古《いにしえ》に亘《わた》り今に亘る」と。
酬対《しゅうたい》すること四たびを数え、印可を蒙《こうむ》る。
門復た召びて「汝じ来ること太《まこと》に遅生《おそ》し」と曰い、則ち扇子を挙起てて曰く、「見ゆる麼《や》」と。
師言下に於《お》いて大悟す。

心地覚心禅師が入門するというときに、無門慧開禅師は心地覚心がやって来たのを見ると、「擒住《きんじゅう》して」胸倉を掴《つか》まえて、こう言いました。「我が這裏《しゃり》に門無し。何処《いづこ》従《よ》り入る」と。この「門無し」は無門という名前にかけて言ったのでしょう。私のところには門が無いのに、お前さんはどこから入ってきたのか、と。

すると心地覚心禅師は答えました。「門無き処従り入る」。この「従」という字は「より」と読みます。門の無いところから入ってきました、と言ったわけです。

無門慧開禅師は「汝じ名は什麼」お前の名前はなんというのだ、と聞きました。心地覚心は「覚心です」と答える。すると無門慧開禅師はその場で偈を作った、と。

それが「心は即ち是れ仏、仏は即ち是れ心。心と仏と如々、古に亘り今に亘る」という偈です。「あなたの心が仏である。仏とは即ちあなたの心である。心と仏とは一《いち》如《にょ》一体のものである。古も今も変わることがないという」と、こういう意味の詩を作ったのです。

その場で四度、問答して「印可を蒙《こうむ》る」ですから、「もうお前は悟った、できている」と。心地覚心禅師はそれまでずっと修行をしていましたから、それを無門慧開禅師が認めてくれたわけです。

さらに無門は言いました。「汝じ来ること太に遅生し」お前はちょっと来るのが遅かったぞ、と。そして「扇子を挙起てて」扇子を立てて、「見ゆる麽」これが見えるか、と言いました。それで「師言下に於いて大悟す」、心地覚心禅師は悟ったというのです。

●味噌と醤油と尺八を日本に伝えた親孝行な禅師

こうして心地覚心禅師は、建長六年（一二五四年）、日本に帰国しました。この建長年間に、鎌倉にある建長寺が建てられました。創建は建長五年（一二五三年）と伝わっています。

日本に帰るとき、心地覚心禅師は無門慧開禅師の書いた『無門関』を授けられました。そして今の和歌山県日高郡由良町に興国寺というお寺を開山しました。

心地覚心禅師は長生きをして、弘安八年（一二八五年）、七十九歳のときに京都の宇多野に妙光寺というお寺を開き、ご皇室の帰依《きえ》も受けておられます。この妙光寺は、今は建仁寺派のお寺です。そして鎌倉時代の終わりの頃の永仁六年（一二九八年）十月十三日に、九十二歳でお亡くなりになり、法燈国師という諡を贈られています。

また、心地覚心禅師は日本に帰ってくるときに、金山からお味噌の製法を伝えたことでも知られています。それが金山寺味噌です。また、由良町の傍にある湯浅は醤油の原産地ですが、これはお味噌を作ったときの溜まりが醤油になったもので、やはり心地覚心禅師が伝えたものです。つまり、お味噌やお醤油という私たちにとってなくてはならないものを心地覚心禅師が日本に伝えてくれたのです。

それから尺八という、竹の笛も、そのときに日本に伝えました。ですから法燈国師は『無門関』と味噌と醤油と尺八を伝えたわけで、日本の文化の面において大変大きな貢献をした人なのです。

もう一つ、法燈国師のことで私が大変好きな話がございます。法燈国師は文永三年（一二六六年）、六十歳のときに、お母様が信州に健在であることを知って、由良にある自分のお寺まで連れて帰るのです。そのとき九十歳のお母様を背負って自分の建てた寺へ連れていきました。

今はお寺の中に家族が住むのは当たり前ですけれども、昔は家族でもお寺には住めませんでした。いわんや女性が禅の寺に住むことはできませんでした。そこで、国師はお寺のすぐ向かいに小さな庵を建てて、お母さんをそこに住まわせました。そして毎日朝晩、お母様のところに行って孝養を尽くしました。

しかし、高齢であったお母様は僅《わず》か一年ほどでお亡くなりになってしまいました。すると、国師は庵のあった場所を尼寺にして、お母様に慧日大姉《だいし》という法号を授けお墓を建てました。お墓をお寺にしたわけです。そして、国師が九十二歳でお亡くなりになるまで一日も欠かさずお母様のお墓に詣《もう》でて供養することを怠りませんでした。

国師が建てた興国寺というお寺は、私も中学、高校の時代に坐禅に行きましたから知っていますが、門の入口からお寺の奥まで歩くだけでも二十分ぐらいかかる広いお寺です。円覚寺も広くて、私の住んでいるところから門の下にある北鎌倉の駅までは七〜八分かかりますけれども、興国寺はその倍ぐらいあります。そこを毎朝、必ず裸足で歩いていって、お母様の墓前でお経を読んで供養を欠かさなかったというのです。それほどお母様に孝養を尽くした方です。六十歳を越えてからのこの親孝行というのは素晴らしいと思います。

今は興国寺の仏殿の後ろ側にご開祖の法燈国師をお祀《まつ》りしているお堂があって、その横にお墓があります。それがお母様のお墓です。今はお母様のお墓と隣同士になって一緒にお参りすることができます。

このお寺の百五十代目の住職が目黒絶海《ぜっかい》老師という方です。私は小学五年生のときに、この目黒絶海禅師が『無門関』の講義をするのを聴きました。それが禅の道にふれた一番の原点です。それから今日に至るまでもう四十何年、こうして坐禅だけをやってきています。

●「無」とは何か——第一則「趙州狗子」

それでは、無門慧開禅師が作り、心地覚心禅師が伝えた『無門関』の第一則「趙《じょう》州《しゅう》狗子《くす》」を読んでいくことにしましょう。


趙州和尚《じょうしゅうおしょう》因《ちな》みに僧《そう》問《と》う。狗子《くす》に還《かえ》って仏性《ぶっしょう》有《あ》りや也《ま》た無《な》しや。州云《しゅういわ》く、無。

無門曰《むもんいわ》く、参禅《さんぜん》は須《すべか》らく祖師《そし》の関《かん》を透《とお》るべし。妙悟《みょうご》は心路《しんろ》を窮《きわ》めて絶《ぜっ》せんことを要《よう》す。祖関《そかん》透《とお》らず、心路絶《しんろぜっ》せずんば、尽《ことごと》く是《こ》れ依草附木《えそうふぼく》の精霊《せいれい》ならん。且《しば》らく道《い》へ、如何《いか》なるか是《こ》れ祖師《そし》の関《かん》。只者《ただこ》の一箇《いっこ》の無《む》の字《じ》、乃《すなわ》ち宗門《しゅうもん》の一関《いっかん》也《なり》。遂《つい》に之《これ》を目《なづ》けて禅宗無門関《ぜんしゅうむもんかん》と曰《い》う。

透得過《とうとくか》する者《もの》は、但《た》だ親《した》しく趙州《じょうしゅう》に見《まみ》ゆるのみに非《あら》ず、便《すなわ》ち歴代《れきだい》の祖師《そし》と与《とも》に手《て》を把《と》って共《とも》に行き、眉毛厮《びもうあ》い結《むす》んで同一眼《どういつげん》に見、同一耳《どういつに》に聞《き》くべし。豈《あ》に慶快《けいかい》ならざらんや。透関《とうかん》を要《よう》する底《てい》有《あ》ること莫《な》しや。三百六十の骨節《こっせつ》、八万四千《はちまんしせん》の毫竅《ごうきょう》を将《も》って通《つう》身《しん》に箇《こ》の疑団《ぎだん》を起《おこ》して箇《こ》の無《む》の字《じ》に参《さん》ぜよ。昼夜提撕《ちゅうやていぜい》して虚無《きょむ》の会《え》を作《な》すこと莫《なか》れ。有無《うむ》の会《え》を作《な》すこと莫《なか》れ。箇《こ》の熱鉄丸《ねってつがん》を呑了《どんりょう》するが如《ごと》くに相似《あいに》て吐《は》けども又《また》吐《は》き出《だ》さず。従前の悪知悪覚《あくちあっかく》を蕩尽《とうじん》して、久々《きゅうきゅう》に純熟《じゅんじゅく》して、自然《じねん》に内外打成一片《ないげだじょういっぺん》ならば唖子《あす》の夢《ゆめ》を得《う》るが如《ごと》く、只自知《ただじち》することを許《ゆる》す。驀然《まくねん》として打発《だほっ》せば、天《てん》を驚《おどろ》かし地《ち》を動《どう》ぜん。関将軍《かんしょうぐん》の大刀《だいとう》を奪《うば》い得《え》て手《て》に入《い》るるが如《ごと》く、仏《ほとけ》に逢《おう》ては仏《ほとけ》を殺《ころ》し、祖《そ》に逢《おう》ては祖《そ》を殺《ころ》し、生死岸頭《しょうじがんとう》に於《お》いて大自在《だいじざい》を得《え》、

六道四生《ろくどうししょう》の中《うち》に向《む》かって遊戯三昧《ゆげざんまい》ならん。且《か》つ作麼生《そもさん》か提撕《ていぜい》せん。平生《へいぜい》の気力《きりょく》を尽《つく》して箇《こ》の無《む》の字《じ》を挙《こ》せよ。若《も》し間断《かんだん》せずんば好《よ》し、法燭《ほっしょく》の一点《いってん》すれば便《すなわ》ち著《つ》くに似《に》ん。

頌《じゅ》に曰《いわ》く、

狗子仏性《くすぶっしょう》、全提正令《ぜんていしょうれい》

纔《わず》かに有無《うむ》に渉《わた》れば喪身失命《そうしんしつみょう》せん。

最初の「趙州狗子」の「狗子」は「くし」と読む場合もあります。ここでは「くす」と読むことにします。それでは早速、一文ずつ読んでいくことにいたしましょう。

趙州《じょうしゅう》和尚《おしょう》因《ちな》みに僧問《そうと》う。狗子《くす》に還《かえ》って仏性《ぶっしょう》有《あ》りや也《ま》た無《な》しや。州云《しゅういわ》く、無。

（「イヌに仏性が有りますか」と僧がたずねたところ、趙州は「無」と答えた）

この「狗子」とは犬のことです。「子」というのは犬の子ではなくて、単なる犬のことを言っています。

皆さんの中には犬を飼っておられる方もたくさんいらっしゃると思います。最近の犬は見た目もきれいですし、清潔です。ですから、犬というとお家で飼われている犬を想像するかと思うのですけれども、ここで出てくる犬はそんなにきれいなものではありません。私は田舎に住んでおりましたから、子どもの頃には野犬というのがいました。よく「犬畜生《ちくしょう》」なんていう言葉を使ったりもしますけれど、ここで使われる狗子もあまりいい意味ではありません。

皆さんのお家で飼っているようないる可愛らしいきれいな犬を見ると、ああ、うちの犬は仏の心があると思うでしょう。でも、ここの犬はそういう感じではなくて、獰猛《どうもう》で汚くて、どうしようもない恐ろしいもの、そういう犬を想像、想定していただきたいと思います。

「仏性」とは仏になる可能性、仏の心と言ってもいいのですが、「そんな犬にも仏の心がありましょうか」と修行僧が聞いたのです。すると「州云く、無」。趙州和尚は「無」と答えました。仏教の経典の中には、一切の生きとし生けるものは皆仏性を持っていると書いてあります。ですから、修行したお坊さんにしてみれば、当然あの獰猛で乱暴で汚くて、もうどうしようもないような犬であっても仏の心はあると趙州和尚は言うだろうと思っていたでしょう。ところが、趙州は「無」と答えた。これが禅の問題、公案になるのです。趙州の言った無とはなんであるかと、こういう問題になっていったのです。

これは難しい問題です。たとえば、ここにあった扇子が無くなったということならば我々はわかります。今この部屋には犬がいないとか、今この部屋には猫がいないとか、今この部屋にはライオンがいないとか、どこに何が無いという意味の「無」であればわかります。しかし、「無というのは何か」と言われると、これはわからない。

ですから無門慧開禅師も、六年間も「無」の一字に取り組んだのでございましょう。

その後は、もう少し詳しい解説になります。「無門曰く」ですから無門禅師が解説をしたわけです。順番に見ていきましょう。

●分けて比べるから苦しみが生じる

無門曰《むもんいわ》く、参禅《さんぜん》は須《すべか》らく祖師《そし》の関《かん》を透《とお》るべし。妙悟《みょうご》は心路《しんろ》を窮《きわ》めて絶《ぜっ》せんことを要《よう》す。

（《無門は言った。》禅に参じるには、歴代の祖師の関門を通らなければならない。妙《たえ》なる悟りのためには、心の分別の流れを断ち切る必要がある）

「妙なる」というのは「素晴らしい」ということ。「分別」は、普通であれば悪い意味では使わないと思います。むしろ無分別というのが悪い意味になりますね。「あいつは分別がない」というと良くない意味に使うのでしょうけれども、禅の場合はたとえば鈴木大拙先生が「仏の智慧は無分別である」と言われているように、無分別は悪い意味ではありません。

分別をするとは「分ける」ことです。そして、「分ける」とは「比べる」ことです。分けて比べることから苦しみが生じるんだというわけです。森信三先生に「あらゆる悩みは比較から生じる」という言葉があったと思いますけれども、これはその通りです。

最初に寺の収入もコロナで七割減だなんて言いましたけれども、これで悩むのもかつてのコロナ前と今とを比べるからです。「ああ、こんなに拝観の人、観光の人が減って大変だ」と比べるから悩みが出てくるのです。比べなければ「こんなものだ」ということになるのだろうと思います。

その「比べる」ということの一番の根本は、「分ける」ということです。自分と外の世界を比べてしまう。この頃は新聞を見ているとＳＤＧｓという言葉をよく聞きます。この地球環境をなんとかしようということですね。もちろんその考えは素晴らしいことだと思いますし、尊いことだと思うのですけれども、もっと根本から言えば、本当は環境と私たちとは一つだったはずです。私と地球とは別物ではなくて、本当は一つのものです。自分と外の世界とを分けてしまう。自他を分けてしまうところからさまざまな苦しみや問題が生じてくるというのが禅の見方です。

祖関《そかん》透《とお》らず、心路《しんろ》絶《ぜっ》せずんば、尽《ことごと》く是《こ》れ依草附木《えそうふぼく》の精霊《せいれい》ならん。

（祖師の関を通らず、心の分別の流れを断たないのであれば、すべて草木にとりすがる幽霊のようなものだ）

「精霊」には読み方が二通りあります。ここでは「幽霊」と訳しましたから「しょうりょう」と読んでもいいと思いますけれども、「しょうりょう」と読む場合は「死者の魂」のことを指します。「せいれい」と読む場合は、よくアニミズムと言いますけれども、実体のないもの、何かにすがっていないと存在し得ないような妖精のようなものという概念を表すことがあります。いずれにせよ、実体のないもの、何かにとりすがっていないと存在し得ないようなものになってしまう、と。

我々は、草木にとりすがる幽霊のように、何かすがるものがほしいのです。だから、あれにすがったり、これにすがったり、ということになってしまう。そういう人間の弱い気持ちにつけ込んで、様々な悪い商売や詐欺のような行為も出てくるのでありましょう。ですから、一度こういう心の問題を明らかにしておかなければいけないのです。

人間は何かにすがろうとするけれども、禅の場合は、そういう気持ちを断ち切れといいます。断ち切らなくては本当の解決にはならないという教えです。ですから、あとで出てきますが、「仏に逢えば仏を殺せ」とまでいうわけです。そういう激しい教えです。

且《しば》らく道《い》へ、如何《いか》なるか是《こ》れ祖師《そし》の関《かん》。只者《ただこ》の一箇《いっこ》の無《む》の字《じ》、乃《すなわ》ち宗門《しゅうもん》の一関也《いっかんなり》。遂《つい》に之《これ》を目《なづ》けて禅宗無門関《ぜんしゅうむもんかん》と曰《い》う。

（しからばまずは言うてみよ、そもそも祖師の関とはいかなるものか。ただこの無の一字、これこそが宗門における関門なのだ。それでこれを禅宗無門関と名づける）

今の時代は、関所というのはどこにもありません。高速道路でもＥＴＣであれば停まる必要もありません。でも昔は、箱根には箱根の関所があって、そこを通り抜けなければ江戸には来ることができませんでした。それと同様に、禅宗では、この関所を通らなければ真実の世界には入っていけない、安楽の世界には入っていけないという関門となる関所があります。それがこの「無」の一字だということで、禅宗では、それを無門関、無の門であり、無の関所と名付けるのだというのです。

●自分の内と外の世界が一つになるところを目指す

次に無門慧開禅師は一転して、この無の関所を通り抜けたならばどんなに素晴らしいことが起きるのかということを説きます。それは、我々にこの無の関所を通り抜けようという気持ちを起こさせるためです。

透得過《とうとくか》する者《もの》は、但《ただ》親《した》しく趙州《じょうしゅう》に見《まみゆ》るのみに非《あら》ず、便《すなわ》ち歴代《れきだい》の祖師《そし》と与《とも》に手《て》を把《と》って共《とも》に行き、眉毛《びもう》廝《あ》い結《むす》んで同一眼《どういつげん》に見、同一耳《どういつに》に聞《き》くべし。豈《あ》に慶快《けいかい》ならざらん

や。

（この関門を通りぬけることができた者は、無字の公案を出した趙州と直接対面できるだけでなく、歴代の祖師たちと同じ境界に立ち、彼らと手をとってともに歩み、まゆ毛までぴたりと合致して、同一の眼で見、同一の耳で聞くことができるだろう。《なんと心地よいことではないか》）

この「無」の一字を透過することができたならば、趙州和尚にもお目にかかることができるし、歴代の祖師、禅でいえば達磨《だるま》様や臨済禅師（臨済禅師は趙州和尚とほぼ同時代の人です）といった方々と同じ心境になることができる。そして、彼らと同じようにものを見、同じように耳で聞くことができるようになる。なんと素晴らしいことではないか、と。このように「無」の一字を通り抜けたらどんなに素晴らしいことがあるかということを説いて、私たちがここを通り抜けたいなと思うように気持ちを掻《か》き立てています。

そして今度は、そのためにはどうすればいいのかという方法論を説いています。

透関《とうかん》を要《よう》する底有《ていあ》ること莫《な》しや。三百六十の骨節《こっせつ》、八万四千《はちまんしせん》の毫竅《ごうきょう》を将《も》って通身《つうしん》に箇《こ》の疑団《ぎだん》を起《おこ》して箇《こ》の無《む》の字《じ》に参《さん》ぜよ。

（その関門を突破しようとする者がいるのではないか。三百六十の骨と八万四千の毛孔を挙げて、全身まるごと疑いのかたまりとなり、ただひとつの無字に参じて）

人間の骨というのは幾つあるのでしょうか。医学方面の方は詳しいと思いますが、二百くらいと言われています。この当時は人間の骨というのは三百六十あると思われていました。そして皮膚には八万四千の毛穴があると思っていました。ですから、「三百六十の骨節、八万四千の毫竅」とは「全身」を表しています。この全身まるごと疑いのかたまりとなるというのは、頭の中であれこれ考えるのではなくて、全身で「無とは何であるのか」を考えよ、と。無という字に参じて、昼も夜もこの無の字を引っさげて行けということを言っています。

昼《ちゅう》夜《や》提撕《ていぜい》して虚無《きょむ》の会《え》を作《な》すこと莫《なか》れ。有無《うむ》の会《え》を作《な》すこと莫《なか》れ。箇《こ》の熱鉄丸《ねってつがん》を呑《どん》了《りょう》するが如《ごと》くに相似《あいに》て吐《は》けども又《また》吐《は》き出《だ》さず。

（昼となく夜となくこれを引っさげよ。虚無の無であるとか、有無の無であるといった理解をしてはいけない。真っ赤に焼けた鉄のかたまりを呑みこんだようなもので、吐きだそうにも吐きだすことができない）

「虚無の会」というように、この「無」を何にも無い、空っぽだと考えてはいけません。「有無の無」というのは、先に言いましたように、この部屋に象がいるとか象がいないとかいうような有る無しを言っているのではないのです。そのように相対概念として「無」を理解してはいけないということです。

では、どうすればいいのかというと、真っ赤に焼けた鉄のかたまりを呑み込んだようなもので、吐きだそうにも吐きだすことができない。そういう状態で無の一字と取り組んでいけ、というのです。

従前《じゅうぜん》**の悪知悪覚**《あくちあっかく》**を蕩尽**《とうじん》**して、久々**《きゅうきゅう》**に純熟**《じゅんじゅく》**して、自然**《じねん》**に内外打成一片**《ないげだじょういっぺん》**ならば啞子**《あす》**の夢**《ゆめ》**を得**《う》**るが如**《ごと》**く、只自知**《ただじち》**することを許**《ゆる》**す。**

（それまでの誤った認識を根絶やしにし、ただ『無字』のみとなってその状態をたもてば、いずれ内と外とが自ずとひとつに成るだろう。〈そうすれば啞の者が夢を見たようなもので、自分だけがわかっていて、他人に伝えることはできない〉）

「従前の悪知悪覚を蕩尽して」というのは、それまでの誤った認識や考え方を全部根絶やしにして、ということです。「久々に純熟して」とは、ただ「無字」のみとなってその状態をたもっていけば、「内外打成一片」というのが原文ですが、自分の内と外の世界が一つになる。これが一つの目指すところであります。そういう状態を「無我」というのでしょう。自分が消えて、外の世界と一つになっていく。

先にＳＤＧｓと申し上げましたけれども、「地球に優しく」ではなくて、「地球が私である」「私が地球である」という感覚です。

そうすれば「唖子の夢を得る如く、只自知することを許す」と。ものを言えない人が夢を見たようなものであって、自分自身がわかっているだけで人に伝えることができない。これは、自分だけがその喜びに浸っている様子を表しています。

驀然《まくねん》として打発《だほっ》せば、天《てん》を驚《おどろ》かし地《ち》を動《どう》ぜん。関将軍《かんしょうぐん》の大刀《だいとう》を奪《うば》い得《え》て手に入《い》るるが如《ごと》く、仏《ほとけ》に逢《おう》ては仏《ほとけ》を殺《ころ》し、祖《そ》に逢《おう》ては祖《そ》を殺《ころ》し、生死岸頭《しょうじがんとう》に於《お》いて大自在《だいじざい》を得、六道四生《ろくどうししょう》の中《うち》に向《む》かって遊戯三昧《ゆげざんまい》ならん。

（《突然気がついたならば、天を驚かし地を動かすだろう。》関将軍の大刀を奪い取ってふるうようなもの。仏に出会えば仏を斬り殺し、祖師に出会えば祖師を斬り殺し、なにも執《とら》われることがない。生死の崖っぷち、六道四生の輪廻《りんね》の世界のまっただ中で、自由自在になることができる）

この無というものについて気がつくところがあったならば、天を驚かし地を動かすであろう、と。「関将軍」というのは『三国志』で有名な関羽のことです。関羽将軍の青竜刀《せいりゅうとう》を奪い取ってふるうようなものであって、仏に出会えば仏を斬り殺し、祖師に出会えば祖師を斬り殺し、何にも執われることがない。

「六道」というのは地獄・餓鬼・畜生・修羅・人間・天上という六つの世界のことで、「四生」とは卵生《らんしょう》・胎生《たいしょう》・湿生《しっしょう》・化生《けしょう》のことを言います。「卵生」は卵から生まれるもの、「胎生」は母体から生まれるもの、「湿生」というのは湿ったところから生まれるもの、「化生」は化けて変化して生まれてくるもので、生きとし生けるものすべてのことを「四生」と言うのです。

つまり、生きるか死ぬかの崖っぷちにおいても、そういう六道四生の輪廻の世界のまっただ中で「遊戯三昧《ゆげざんまい》」になる。この苦しみの世界のまっただ中で、遊ぶが如く、楽しむが如く、自由自在に振る舞うことができる。これを目指しているわけです。

且《か》つ作麼生《そもさん》か提撕《ていぜい》せん。平生《へいぜい》の気力《きりょく》を尽《つく》して箇《こ》の無《む》の字《じ》を挙《こ》せよ。若《も》し間断《かんだん》せずんば好《よ》し、法燭《ほっしょく》の一点《いってん》すれば便《すなわ》ち著《つ》くに似《に》ん。

（では、どのように無字をひっさげるのか。《平生の気力のありったけを尽くして、この無字と取り組め。》途切れることなくずっと無字に参じてゆけば、忽然《こつねん》と大悟するであろう。ロウソクに火をぽんとつければ、たちまちぱっと明かりがともるように）

暗闇の中に灯りを一つつければ、暗闇は一瞬のうちに消えます。そういうわかり方をするのだというのです。暗闇を少しずつ無くそうというような努力は不要です。ロウソクの灯り一つで、暗闇は一瞬にして無くなります。隅のほうだけ暗闇が残るということはありません。そういうようにパッと明らかになるんだと言っています。

頌《じゅ》に曰《いわ》く、
狗子仏性《くすぶっしょう》、全提正令《ぜんていしょうれい》
纔《わず》かに有無《うむ》に渉《わた》れば喪身失命《そうしんしつみょう》せん。

（《頌に曰く、》狗子の仏性をめぐる公案、この仏の正しき法令を余すことなく現せ。有無に関わったとたん、身を失い命を失う）

「頌」とは漢詩のことです。この漢詩は四文字ずつ四行ですから四言絶句です。

趙州の狗子の仏性を巡るこの公案とは、この「無」の一字のことを言っています。これには「全提正令」すべて全く正令を引っ下げている。仏法の正しい法令を余すことなく現せ、と。しかし、無という言葉を見て有る無しの無であるというふうに思ったならば、たちまち命を失うであろうと説かれています。これがこの「無」の問題です。

●すべてを無くしたときに何が残るのか——第五則「香厳上樹」

今度は第五則「香厳上樹《きょうげんじょうじゅ》」という問題を取り上げて、無というものの内容について考えていきたいと思います。言わんとしていることは「趙州狗子」と似たようなことですけれども、「香厳上樹」は奪うとか否定をするということを強調しています。これは禅の修行の一番の眼目となるものです。

無門関第五則

香厳上樹《きょうげんじょうじゅ》

香厳和尚《きょうげんおしょう》云《いわ》く、人《ひと》の樹《じゅ》に上《のぼ》るが如《ごと》し。口《くち》に樹枝《じゅし》を銜《ふく》み、手《て》に枝《えだ》を攀《よ》じず。脚《あし》、樹《き》を踏《ふ》まず。樹下《じゅげ》に人《ひと》有《あ》って西来意《せいらいい》を問《と》わんに、対《こた》えずんば即《すなわ》ち他《た》の所問《しょもん》に違《そむ》く。若《も》し対《こた》うれば又喪身失命《またそうしつしつみょう》せん。正恁麼《しょういんも》の時《とき》、作麼生《そもさん》か対《こた》えん。

無門曰《むもんいわ》く、縦《たと》い懸河《けんが》の弁《べん》有《あ》るも、総《そう》に用不著《ようふじゃく》。一大蔵経《いちだいぞうきょう》を説《と》き得《う》るも、総《そう》に用不著《ようふじゃく》。若《も》し者裏《しゃり》に向かって対得著《たいとくじゃく》せば、従前《じゅうぜん》の死路頭《しろとう》を活却《かつきゃく》し、従前《じゅうぜん》の活路頭《かつろとう》を死却《しきゃく》せん。其《そ》れ或《ある》いは未《いま》だ然《しか》らずんば、直《じき》に当来《とうらい》を待って弥勒《みろく》に問《と》え。

頌《じゅ》に曰《いわ》く、

香厳真《きょうげんしん》の杜撰《ずさん》、悪毒尽限無《あくどくじんげんな》し

衲僧《のうそう》の口を唖却《あきゃく》して、通身《つうしん》に鬼眼《きがん》を迸《ほとば》しらしむ。

一文ずつ見ていきましょう。

香厳和尚《きょうげんおしょう》云《いわ》く、人《ひと》の樹《じゅ》に上《のぼ》るが如《ごと》し。口《くち》に樹枝《じゅし》を銜《ふく》み、手《て》に枝《えだ》を攀《よ》じず。脚《あし》、樹《き》を踏《ふ》まず。

《香厳和尚が言った。人が木に登って、口で枝をくわえて、手で枝をつかまえず、脚も木を踏んでいないようなものだ》

これは実際には不可能なことでしょう。口で木の枝をくわえてぶら下がっているというわけですが、人間の顎《あご》の力は自分の体を支えるほど強くはないだろうと思います。だから、これは想像です。木の枝を口でくわえて、手は枝をつかまず、脚も木の枝を踏まない状態でぶら下がっている。こんな状態を想像してみなさいということでしょう。

樹下《じゅげ》に人有《ひとあ》って西来意《せいらいい》を問《と》わんに、対《こた》えずんば即《すなわ》ち他《た》の所問《しょもん》に違《そむ》く。若《も》し対《こた》うれば又《また》喪身失命《そうしつしつみょう》せん。正恁麼《しょういんも》の時《とき》、作麼生《そもさん》か対《こた》えん。

《《木の下に人がいて、西来意を問うたならば、》（枝にかじりついたまま）答えなければ彼の問いにそむくことになる。さりとて答えようと口を開けば、とたんに落ちて命を失ってしまう。まさにこのような時、どう答えるのか）

西来意とは、達磨大師がインドからやって来た意図ということで、禅とは何かを問うていますす。枝を口でくわえていたら何も喋れませんから、問いに答えることができません。しかし、答えなければ問いに背くことになってしまいます。かといって、答えようとして口を開けば高い木から落ちて命を失ってしまう。こういうときにどう答えたらいいのか、というのがこの「香厳上樹」の問題です。

こういう問題を出して無門慧開禅師は何を言わんとしたのかというと、端的に申し上げると知識の否定です。それについて、次に無門慧開禅師が解説をしています。

無門曰《むもんいわ》く、縦《たと》い懸河《けんが》の弁《べん》有《あ》るも、総《そう》に用不著《ようふじゃく》。一大蔵経《いちだいぞうきょう》を説《と》き得《う》るも、総《そう》に用不著《ようふじゃく》。

（《無門は言った。》たとえ立て板に水の弁舌を振るおうと全く役に立たないし、大蔵経をすべて説きえようとも何の役にも立ちはしない）

知識があって弁舌爽《さわ》やかな人であったとしても、口に枝をくわえてぶら下がっている状態ではうんともすんとも言えません。あるいは、大蔵経という膨大なお経が全部頭の中に入っていて自在に喋ることができたとしても、何の役にも立たない。こんな状態であっては言葉を使って表現することが一切できないので、覚えた知識は何の役にも立たないということです。要するに、この問題は言葉や知識を全部否定して、そこでいったいあなたは何を伝えることができるのかと尋ねているのです。
禅の修行では、実際に師家がこういう問題を出して、修行僧が答えると、「そんなことではだめだ」と否定をします。それを繰り返して訓練を重ねていくのです。

若《も》し者裏《しゃり》に向かって対得著《たいとくじゃく》せば、従前《じゅうぜん》の死路頭《しろとう》を活却《かっきゃく》し、従前《じゅうぜん》の活路頭《かつろとう》を死却《しきゃく》せん。
（ここで答えることができれば、従来の死んだ道を活かし、活きた道を殺すことができるだろう）

これは無門慧開禅師の言葉です。私たちはいろんなことを学校で勉強して覚えていきます。そして、学んだことを蓄えて世の中を生きていくわけですけれども、それが全く役に立たないような場合もあります。

これは今の時代に大きな問題だと思います。皆さんも今、それぞれ社会で活躍しておられますが、やがてはそれが全部無くなってしまうことは避けられません。老いるということはそういうことです。私ども禅の世界でもそれは同じです。あれほどよく勉強して、あれほどよく経典を暗唱せられていた人であっても、長生きすることによって、そういうものが全部失われてしまうということがあります。それは長寿社会が生み出したものなのでしょう。長生きがいいのか悪いのかわかりませんけれども、長生きすることによって、聡明な人が聡明《そうめい》さを失ってしまうということがあります。

そういったときに、人間の本当の尊厳というのは何であろうかということを、この問題は問いかけているようにも思います。今北洪川老師が言っています。「禅の修行と他の世界の修行とは違う。学問の世界は得ることが修行である。知識を得る。新しいことを覚えていく、蓄えていく。しかし禅の修行は失うことだ」と。無くして無くして無くしていく。無くして無くして無くしていったときに、そこで何が残るかということを問うのが禅の修行なのです。

其《そ》れ或《ある》いは未《いま》だ然《しか》らずんば、直《じき》に当来《とうらい》を待って弥勒《みろく》に問《と》え。

（もしそうでないなら、弥勒が教えてくれるまで待っているがいい）

ずいぶん突き放した言い方ですね。弥勒様というのは、仏教ではお釈迦様がお亡くなりになって五十六億七千万年の後にこの世に現れて私たちを救ってくださると言われています。そんなときまで待てということは、「お前はもう救いようがないぞ」と言っているのです。

頌《じゅ》に曰《いわ》く、
香 厳真《きょうげんしん》の杜撰《ずさん》、悪毒尽限無《あくどくじんげんな》し
衲僧《のうそう》の口を唖却《あきゃく》して、通身《つうしん》に鬼眼《きがん》を迸《ほとば》しらしむ。

（《頌に曰く、》
香厳のやりようはあまりに身勝手で、そのやり口はこの上なくひどい。
修行僧の口を塞《ふさ》ぎ、鬼眼を体中にぎょろつかせる）

香厳和尚の出した問題は、お話ししたように知識の否定です。趙州は「無」の一字と言いましたけども、香厳はそれをもっと具体的に、「あなたが頭の中で覚えてきたものは全く役に立たないぞ。それらを全部無くしたところで、あなたはいったい何を伝えるのか」と問うているのです。

しかし、そういうやり方をすれば、修行僧はにっちもさっちもいかなくなってしまうぞ、と。でも、そういうときにこそ人間の真価が問われるのでしょう。

●人間には絶対に失われることのない尊厳がある——第十則「清税孤貧」

次は第十則「清税孤貧《せいぜいこひん》」を読んでみます。この第十則は、清税というお坊さんと曹《そう》山《ざん》和尚との問答です。短いのでざっと読んで、それで最後に「無」の一字について掘り下げてみることにいたしましょう。ここでは、無ということ、失うということを考えてみたいと思います。

無門関第十則
清税孤貧《せいぜいこひん》

曹山和尚《そうざんおしょう》、因《ちな》みに僧問《そうと》うて云《いわ》く、清税孤貧《せいぜいこひん》、乞《こ》う師賑済《ししんさい》せよ。
山云《さんいわ》く、税闍梨《ぜいじゃり》。税応諾《ぜいおうだく》す。
山曰《さんいわ》く、青原白家《せいげんはっけ》の酒三盞喫《さけさんさんきっ》し了《おわ》って猶道《なおい》う、未《いま》だ唇《くちびる》を沾《うるお》さずと。
無門曰《むもんいわ》く、清税輪機《せいぜいゆき》、是《こ》れ何《な》んの心行《しんぎょう》ぞ。

曹山《そうざん》具眼《ぐげん》、深《ふか》く来機《らいき》を弁《べん》ず。
然《しか》も是《かく》の如《ごと》くなりと雖《いえど》も且《しばら》く道《い》え、那裏《なり》か是《こ》れ税闍梨《ぜいじゃり》酒《さけ》を喫《きっ》する処《ところ》。
頌《じゅ》に曰《いわ》く、
貧《ひん》は范丹《はんたん》に似《に》、気《き》は項羽《こうう》の如《ごと》し。
活計《かっけい》無《な》しと雖《いえど》も、敢《あえ》て与《とも》に富《とみ》を闘《たたか》わしむ。

それでは内容を見ていきましょう。

曹山和尚《そうざんおしょう》、因《ちな》みに僧問《そうと》うて云《いわ》く、清税孤貧《せいぜいこひん》、乞《こ》う師賑済《ししんさい》せよ。
（《曹山和尚に僧が問うた。》わたくしは貧しく身よりがありません。どうぞ先生、おめぐみください）

曹山和尚に清税というお坊さんがこういうことを聞きました。これは単に貧しいということを言っているのではありません。自分は知識を蓄えるような修行をもう終えて、無になる修行をしてきました。そして、本当に無になりました。この無になった私をあなたはどう導いてくれるのですか、と言っているのです。つまり、先にお話ししてきた二つの問題を踏まえた大変厄介な質問をしているわけです。

私もセミナーなどでお話ししているときに、相手を困らせるような質問をする人がたまにいらっしゃいます。「質問です」と言うので「なんですか」と問うと、「あなたは悟りを開いたんですか」と。これは「お前はどうせ悟りなんか開いていないんだろう」と言いたいのでしょう。

そういう意地の悪い質問があったりするのですけれども、この公案もなかなかのものです。「もう自分は無になりました。無になった者をどうしてくれますか」と言うわけですから。でも、これは無とは何かを知る大きなヒントになります。

山云《さんいわ》く、税闍梨《ぜいじゃり》。税応諾《ぜいおうだく》す。
山曰《さんいわ》く、青原白家《せいげんはっけ》の酒《さけ》三盞《さんさん》喫《きっ》し了《おわ》って猶《なお》道《い》う、未《いま》だ唇《くちびる》を沾《うるお》さずと。

（曹山は「税どの」と呼びかけた。清税は「はい」とこたえた。
《曹山は言った。》青原白家の名酒を三杯も飲んでおきながら、まだ唇も潤していないと言うとは）

「税」というのは清税という名前のことです。「闍梨」は今では特別な修行をした人を阿闍梨と言いますけれども、この時代はお坊さん一般に対する敬称です。「和尚さん」とか「ご住職」といった感じで使います。

曹山は「清税さんよ」と名前を呼びました。名前を呼ばれたので、清税は思わず「はい」と答えました。すると曹山はこう言ったのです。「青原白家の酒」というのは、「灘の銘酒」のような言い方です。そういう銘酒を三杯も飲んでおきながら、まだ唇を潤していないと言うのか、と言ったわけです。これはどういうことでしょうか。

清税は「私はもう無になりました。何もありません」と言っていたのに、「おい」と呼ばれたので、思わず「はい」と答えました。「おい」と呼ばれて「はい」と答える。これはいったい何か。そこには素晴らしい命が輝いているではないか、ということを言いたいのです。

何もない、知識もない。でも呼んだときに「はい」と答えるものがある。この呼ばれて「はい」と答えるものは何でしょうか。これはわからないですね。

今でも、いまわのきわに「声をかけてあげてください」とお医者さんが言います。もう記憶も何もなくしているかもしれない。でも、名前を呼んであげてください、と。そして、呼べば「はい」と答えるものがある。その「はい」と答えるもの、それこそがその人の本当の素晴らしいものだということを言っているのです。それこそが仏だというのが禅の教えです。曹山はそこに気づかせようとしているわけです。

我々は、蓄えた知識が尊いとか、地位や名誉が尊いと思いがちです。しかし、そういう知識や経験が尊いとなれば、人間が老いるということはそれらを無くしていくという過程になります。残念ながら、それは私たちが誰でも通らなければならない道です。頭の中に蓄えた知識が本当のその人の尊さであると思っていたならば、これはその尊さ、尊厳が失われていくだけでありましょう。

でも、そうではないのだと曹山は言います。この呼ばれて「はい」と返事をするというところにこそ人間の本質がある。意識とは何か。これはまだわからないのですが、呼んで答えるものがある。呼んで答えるもの、これは何であるのか。それを「仏」と言ったのです。

そこに人間の一番の尊さがあるという見方をしていれば、もし目の前にある人がすべてを失ったとしても、私のことがわからなくなったとしても、とにかく耳元で声を掛ければ反応してくれるというのはなんと尊いことか。それがその人の尊厳であるというのは素晴らしい見方だと思うのです。


無門曰《むもんいわ》く、清税輪機《せいぜいゆき》、是《こ》れ何《な》んの心行《しんぎょう》ぞ。

曹山《そうざん》具眼《ぐげん》、深《ふか》く来機《らいき》を弁《べん》ず。

（《無門は言った。》清税の下手《したて》に出た策略は、どういうつもりであったのか。一方の曹山は物事を見抜く眼をそなえており、やって来る者の機根（能力）をしっかりと見抜いていた）

「輸」というのは「負ける」ということ。清税が「私には何もありません」と下手に出たのはどういう気持ちでやったのか、と。一方の曹山和尚は相手を見抜く眼を具えていたから清税の魂胆をしっかりと見抜いていた、というわけです。

然《しか》も是《かく》の如《ごと》くなりと雖《いえど》も且《しばら》く道《い》え、那裏《なり》か是《こ》れ税闍梨《ぜいじゃり》酒《さけ》を喫《きっ》する処《ところ》。

（とはいえまずは言うてみよ。税闍梨が酒を飲んだというのは、いったいどこのことなのか）

清税が「はい」と返事をしたところの尊厳というのはいったい何であるのかを言ってみよ、と。

頌《じゅ》に曰《いわ》く、

貧《ひん》は范丹《はんたん》に似《に》、気《き》は項羽《こうう》の如《ごと》し。

活計《かっけい》無《な》しと雖《いえど》も、敢《あえ》て与《とも》に富《とみ》を闘《たたか》わしむ。

《頌に曰く、》

貧しさは范丹のようで、気宇は項羽のようである。

（生計も立たないと言いながら、ちゃんと富を争っている）

范丹というのは、中国後漢の時代、関帝のときに貧乏で有名だった人です。水瓶という水を入れておくものがありますけれども、范丹の家は水瓶の水がなくなって埃《ほこり》がたまっていたそうです。また、竈《かまど》はご飯を炊いたり、食材を煮炊きするためのものですけれども、長い間火を入れていなかったので、釜に虫がわいて、魚が泳いでいたと。それぐらい貧乏だったというわけです。

でも、そんな一文無しのようでも気持ちは項羽のような気高さを持っていた。項羽は中国の有名な武将ですね。生計が立たないと言いながら、ちゃんと富を争っている。何が尊いのかということをちゃんとわかっているというのです。

すべてを失ったとしても絶対に失われることのない尊厳とはいったい何なのかということを問いかけているのです。この講座ではそれを学んでいきたいと思います。

●無になることが力強く生きる原動力になる

なぜ「無」ということを説くのでしょうか。何が「無」になるのかというと、それは我執というものです。森信三先生は次のように言っています。

宗教とは、第一に「我執」という枠がはずれること。
第二には、現実界そのものがハッキリと見えるようになること。
第三には、この二度とない人生を、力強く生きる原動力となること。
真の宗教には、少なくともこうしたものが無くてはならぬでしょう。

（森信三『不尽精典』実践人の家）

この我執というのは「我に対する執着、自分さえよければという気持ち、わがまま」のことです。我執があるから、私たちはこの現実の世界を自分の都合のいいようにしか見ないのです。しかし、それではこの二度とない人生を力強く生きることはできないのです。

趙州の「無」は、これに当てはめることができると思います。何が無になるかというと、わがままなものの見方、考え方が無になるのです。そして無になることによって現実の世界そのものがハッキリと見えるようになり、この二度とない人生を力強く生きる原動力となっていく。まさに趙州の「無」の一字は、森信三先生の言われる三つのことを実現する「真の宗教」であろうと思います。

無といっても一遍に理解することはなかなか難しいものですから、お釈迦様は無と言わずに「諸行無常」と言いました。すべてのものは移ろいゆく。毎日毎日、刻々と変わっていくのだから大事にしなければならない、と。

我々は、本当は変わらないものが欲しいんですね。今年も去年と同じようにやっていると安心ですけれども、今までのように同じことができないと不安になります。でも、すべてのものは一瞬一瞬移ろいていく。これが真理であります。そこに常住不変のものはないというのが真理です。

それからもう一つ、お釈迦様が説かれた真理は「諸法無我」です。これは「この世にあるものひとりあらず」ということ。無我というのは独立して存在しているものではないということです。孤立して、それだけで存在しているものは何一つないとお釈迦様は言うのです。

我々にしても、両親のお陰で命をいただいたのですし、世間の皆さんのお陰で今、生かされているのです。私はたくさんの方々のお陰で生かされています。これは、自分だけで存在しているのだという思い込みの否定です。

そうすることで「涅槃寂静《ねはんじゃくじょう》」という心境を得ることができます。これは「己れなき者にやすらいあり」ということです。「己れなき」というところが趙州の言った「無」なのです。それは本当の安らぎです。

以上のことをまとめると、「私たちは刻々に移り変わって生かされている。そして、生かされている生かされ方も、自分ひとりで生きているのではなく、皆さんのお陰で生かされている。自分の命というものは、自分だけに大事なものではなく、たくさんの方々にとっても、大事な命であるから皆のために尽くそう」ということになります。

つまり、無になることが力強く生きる大きな原動力となっていくのです。

●自我を否定することが無になるということ

私が中学生のときに、椎尾弁匡《しいおべんきょう》という方の書物を読んで感銘を受けたことがあります。ああ、仏教というのはこういう教えなのかと思いました。ちょっと難しいのですけれども、次にご紹介します。

我が心、我が身体としたものは、我の我とすべきものはなく、身心悉《ことごと》くはこれ天地の大なる顕現であり、宇宙一切が総合関係して感応する作動となる。自己のものとなる何物もない。呼吸なければ、一塊の肉団となる。その呼吸も遙《はる》かに草木に通じ、一呼吸も我が発明努力するところの結果ではない。呼吸は天地の大作用であって、我が呼吸ではない。

（椎尾弁匡『仏教の要領』共生会出版部）

私の心、私の体と思うけれども、それは自分のものというのではなくて天地の大いなる働きの顕《あら》われである。宇宙のあらゆるものが総合的に関わり合って顕われた現象が、「この私」というふうに見えているのだ。だから、「これが自分のものだ」と言って固定するものは何ものもない。呼吸が止まれば一塊の肉のかたまりでしかない。さらに、その呼吸も草や木が呼吸するのと同じで、自分で作り出したものではない。それを観察してみればわかるように自然に働いている働きであって、自分で呼吸しているのではない、と。

確かに丹田《たんでん》呼吸とか腹式呼吸とかというと自分で努力してやっているように思いますが、それは呼吸のほんの一部分であって、大部分の呼吸は無意識のうちに行われていて、何が呼吸しているのかわかりません。ですから、椎尾弁匡も「呼吸は天地の大作用であって、我が呼吸ではない」と言うのです。これは私が生きているとか、自分でやっているというような自我を否定しています。それが「無」であるということです。

かくの如く、飲食も言語も、動作も、思想もわれがよくなし得るところのものではない。皆すべては、自然社会の総合し育成する因縁和合のものである。このことに気づいて、釈尊の覚の第一眼が開かれたのである。自我とせる執縛《しつばく》の無明《むみょう》は破れて明星輝き、自我に基づける邪見思惑は除去せられて、勇ましき活躍感謝の奉仕を感じた

のである。この慧眼によって現出する世界が、実相の世界であり、一如の世界であり、空の世界である。

（椎尾弁匡『仏教の要領』共生会出版部）

そうすると「飲食も言語も、動作も、思想も」すべて自分でやっているわけではない。すべては「自然社会の総合し育成する因縁和合のものである」と。このことに気づいて、お釈迦さまの悟りがあったのだと言っています。

すべては大自然の働きだとわかれば自然と我執というとらわれが破れて、暁《あかつき》の明星が輝くように明らかになる。自我から生まれる邪見や思惑は除かれて、「勇ましき活躍感謝の奉仕」が出てくる。この慈しみの眼によって現れる世界が真実の世界であり、「一如の世界であり、空の世界である」と。

こういうことを「無」の一字を通じて体験をしていこうというのが禅の修行なのです。

そのようなところを昔の人は和歌にして詠っています。

風は息虚空は心日は眼
海山かけて我が身なりけり

我という小さき心捨てて見よ
三千世界に障るものなし

我もなく人もなければ大虚空
ただ一体の姿なりけり
（以上、『禅林世語集』より）

あるものは皆吹き払えおおぞらの
無きこそおのがすみかなりけれ（黒住宗忠）

こんな意味になるでしょうか。

「風は息虚空は心日は眼
海山かけて我が身なりけり」
この外に吹いている風が私の息と一つである。この広い空間が私の心である。お日様は私の眼である。この海も山も全部が我が体である。

ＳＤＧｓということをもし言うのであれば、この海も山もこの世界も地球も、すべてが我が体であるという思いが一番の根本になるのではないかと思います。

「我という小さき心捨てて見よ
三千世界に障るものなし」

無というのは何を無にするのか。自分さえよければというわがまま、思い込みといった小さな心を捨てれば、この広い世界に妨げるものは何もない。

「我もなく人もなければ大虚空
ただ一枚の姿なりけり」

自分もなければ人もない。ただこの世界が広々と広がっているだけであり、自分も大自然も一体となった姿がそこにあるだけである。

こういう姿を強いていえば「無」と言ったのです。

「あるものは皆吹き払えおおぞらの
無きこそおのがすみかなりけれ」

晴れ渡り、澄み渡った何もない青空のようなもの、それが自分の本体である。我々は、空に浮かんでいる雲にとらわれて、その雲ばかりを見ているのでしょう。だから、移り変わっていくように見えるのですが、その背景には変わることのない青空が広がっているのです。それが無というものなのです。

●無になることによって開けてくる世界

禅の修行ではよく「捨ててしまえ」「素っ裸になれ」と言われます。「涼しさや裸に落し物はなし」というような句もあります。それに関連して、ここで竹部勝之進という人の詩をご紹介したいのです。あまり知られていない人です。

ＮＨＫの「こころの時代」という宗教をテーマにした番組があります。この番組にもう五十年以上関わっている金光寿郎さんという方がいます。その金光さんは、この番組で仏教、キリスト教、神道などのいろいろな宗教者に接してきました。「その中で一番印象に残っている人物は誰ですか」と私が聞くと「大拙です」と即答されました。「鈴木大拙はやっぱり違いました」と。「では、二番目は誰ですか」と聞くと、「竹部勝之進ですかね」と言いました。竹部勝之進さんの詩に「タスカッテミレバタスカルコトモイラナカッタ」という詩があると教えてくれて、「これはすごいと思います」とおっしゃいました。

私はそのときに初めて竹部勝之進の名前を知りました。すぐに調べてみると、『まるはだか』という本と『はだか』という本がありました。その中に「はだか」という詩を見つけました。こんな詩です。

はだか
はだか
はだかでいると
一切のものがいただける
ああ
ありがたい　ありがたい

（竹部勝之進『詩集　まるはだか』法蔵館）

すべてを失う、すべてをなくす、すべてが無になることによって、一切のものが

「ああ　ありがたいありがたい」と思えるような世界が開けてくるということでしょう。これを体感するのが禅の修行であるということができると思います。

でも、皆様方もこうして話を聴いて、無になれ無になれ、我執を捨てよ、我を無くせよ、と言われても、「それは無理だ」と思われるのではないでしょうか。私だって収入七割減で困ったなと考えるぐらいでございますから。

そこで、森信三先生の言葉です。これは有り難いですね。

お互い人間は、この肉体をもっている限り「我」の根の切れる時は、厳密には無いといえましょう。それ故「我を捨てよ!!」とか「無我になれ!!」などというよりも、むしろ相手の気持ちになり、相手の立場を察するように——という方が、具体的で分かりやすく、これなら心がけ次第で、だれでもある程度は出来ましょう。

わたくしたちが人間として生きてゆく上で、もっとも大切な心がけの一つは、「相手の立場にたって」ものごとを考えるということであります。

（森信三『不尽精典』実践人の家）

ここにある通りです。自分だとか他人だとかいうものはない。我と世界は一つだと言っても、コロナ禍で収入大幅減となると寺をなんとかしなければいかんと思うのは人間のしかたのないところです。それゆえに、森先生は「我を捨てよ！」とか「無我になれ！」などというより、「むしろ相手の気持ちになり、相手の立場を察する」「わたくしたちが人間として生きてゆく上で、もっとも大切な心がけの一つは、『相手の立場にたって』ものごとを考えるということ」だと言われるのです。このあたりを実践していきたいと思うのです。

坐禅して無になるというのは、そう簡単にできることではありません。それはまさに命がけです。無門慧開禅師は六年間、朝から晩までひたすら無の問題と取り組んで、無になるという体験をして、『無門関』という書物を著されました。そこに日本から心地覚心という方が四十歳を越えて訪れて、『無門関』を日本に持ち帰ったのです。

これは大変なことです。今、中国に行くのとはわけが違います。日本から向こうへ辿《たど》り着いた人の数はだいたいわかっていますけれども、途中で沈んでしまった船の数がどれだけあったのか、そこにどれだけの人が乗船していたのかというのは、はっきりしません。少なくとも三分の一は沈んだとも言われています。エンジンのない時代に、風を頼りに船で行くわけです。皆さん方はどうでしょうか。飛行機はまず落ちないから乗ると思いますけれども、「三分の一は落ちますよ」と言われたら果たして乗るでしょうか。そういう命がけの時代だったのです。

しかも心地覚心は当時、高野山においてかなりの地位のあるお坊さんでした。それでも禅を求めたいという気持ちから、命がけで中国に渡って、この『無門関』という書物を日本に伝えてくれました。それが「東洋的無」と言われて、近代になって西田幾多郎《きたろう》先生の哲学などに大きな影響を与えました。おそらく西田先生の「純粋経験」とか「絶対矛盾の自己同一」といった概念もその影響を受けて出てきたものでしょう。

実際に、西田幾多郎先生も趙州の「無」の一字に取り組んで坐禅をしておられます。鈴木大拙先生も円覚寺において「無」の一字を公案として与えられて、二十代の頃、ひたすら坐禅をしました。そして、いよいよ明くる年にアメリカに行かなければならないという時期に集中して坐禅をした後、円覚寺の僧堂の門を出て月明かりの中に松の木が一本見えたそのとき、松と自分との境目が消えて一つになるという体験をしています。大拙先生が二十七歳のときの話です。

このように『無門関』は日本の精神に大きな影響を与えて今日に伝わっているのです。

●無になると愛や真心があふれてくる

最後に二つの詩を紹介いたします。一つ目は坂村真民先生の「消えないもの」という詩です。

消えないものを
求めよう
消えないものを
身につけよう
消えてゆく身だけれど
消えないものがある
それは愛
そして真心《まごころ》

（『坂村真民全詩集第七巻』大東出版社）

無になれ無になれと言いますけれども、最後に消えないものは何であるかというと、それは「愛」であり「真心」であると。これに気がつかせるために、あらゆるものを敢えて無くする、無になるという修行をさせる。それが禅の修行なのだろうと思います。なまじいろんなものを持っているとそれを守ろうとしてしまうので、本当の愛や真心が出てこないのではないかと思うのです。

もう一つは茨木のり子さんの「マザー・テレサの瞳」という詩の一節です。

自分を無にすることができれば
かくも豊饒なものがなだれこむのか
さらに無限に豊饒なものを溢れさせることができるのか

（茨木のり子『倚《よ》りかからず』ちくま文庫）

無になるということは決して空しいことではなくて、そこに豊かなものがなだれ込んでくる。それと同時に、無限に豊かなるものをあふれさせることができる。それは真民先生が言われるところの「愛」であり、「真心」というものでしょう。

というところで、「一度自己を無にしてみる」という今回の講義を終わります。無になるということがおおよその何を目指しているか、皆さんにも感じていただけたのではないでしょうか。

第二講

真実の自己を確立する

●一呼吸一呼吸に全意識を集中して取り組む

今日は『無門関』の第二回目です。前回にも申し上げたと思いますが、『無門関』を読んだからといってどうなるということではないんです。商売がうまくいくわけでもないし、会社がうまくいくわけでもないと思います。寺離れとか寺院消滅という言葉をお聞きになったことがあるでしょう。だんだんお寺が衰退していくと言われています。禅の修行をしてお寺の住職をやっていても衰退していくわけですから、禅がすぐに何かの役に立つとは思えません。でも、昔の武士が禅をやったように、思うにまかせない困難な時代に自分を支えてくれるものになりうることは確かなのだろうと思います。前回、無になるということを学びましたけれども、何も無い世界から見ていけば、あればあるだけ有り難いというような気持ちになっていくのでしょう。

前回の話を通じて受講者の方から「無の気持ちを持ち続けるためにはどうしたらよいでしょうか」というご質問をいただいております。まず、無の気持ちを持ち続けようというのは、すでに無ではないんですね。持ち続けようとすればするほど、それは有になってしまいます。ですから、無をなんとかしようと意識するよりも、自分の仕事であるとか作業であるとか、一つのことに打ち込むことに意識を持っていったほうがよろしいかと思います。無になるというのは単調な仕事や作業のほうがなりやすいというところがございます。

私どもの場合ですと、坐禅をするというのは呼吸をするということに集中していま す。無になろうとすると、かえって無から遠ざかりますから、坐禅では手を組み、脚を組んで、目もものを見ようとしませんし、耳も聴こうとしません。やっている活動は唯一呼吸だけです。その呼吸に自分の全意識を集中して、一呼吸一呼吸に一生懸命取り組む。全身全霊をもって息を吐いていって、そして息を吸い込んでいく。その働き一つに打ち込んでいきます。

皆さんの場合も、その一つに打ち込んでいくというところが一番いいのではないかと思います。歩いているときであれば、あれこれ考えずに右脚を上げ、左脚を上げるというテンポに合わせて、それだけに意識を集中して歩いていく。皆さんは畑を耕すことはあまりないと思いますけれども、畑などを耕す作業などは意識を集中しやすいんです。私でしたら、朝、箒《ほうき》で庭の掃除をするとか、廊下の雑巾がけをするとか、そういう体を動かす動作は意識を集中しやすい。そういうところから始めて、だんだんと呼吸のような動きのないものに集中をしていくということを禅では重んじております。

それからもう一方から「悟りを開くとはどういうことでしょうか」というご質問をいただきました。これは答えるのが難しい問題です。単純に悟りを得るという意味で捉えていいのか、それとも悟りを開くことにどんな価値があるのかということでしょうか。

いずれにしても、これも無になるのと一緒で、あまり何かをしようと思わないほうがいいのではないかというふうに私は思っています。「悟りとは悟らで悟る悟りなり、悟る悟りは悟らざるなり」というような歌がございます。

また鈴木大拙《だいせつ》先生の『禅と日本文化』には「さとり」という話があります。私が大好きな話です。「さとり」という動物がいた、というんですね。それは人の心を読む動物である、と。その「さとり」が、樵《きこり》が木を切っているところに現れました。樵は嫌な動物が出てきたなと思いました。すると、さとりは人の心がわかるので、「お前、今、嫌な動物が出てきたと思っただろう」と言うんですね。早くあっちに行きゃいいなと心で思うと、「お前、今、早くあっちに行きゃいいなと思っただろう」と言うんです。樵はもうさとりのことは気にせずに木を切ることに打ち込もうと思いました。するど、「お前、今、木を切ることに打ち込もうと思ったろう」というふうに、自分の心をさとりは全部読んでしまいます。

しょうがないので、樵はただひたすら木を切り続けました。そうしたら斧《おの》の柄が飛んだのか、斧が飛んだのか、あるいは木の端のパッと飛んだのか、何かがさとりに当たって死んでしまったというのですね。

この話は日本の古い話に元があるらしいのですけれども、このように、さとりを掴《つか》まえようとしたり、さとりを意識しているうちはだめなんですね。かといって、さとりを相手にしないようにしようという意識でもだめなんです。その意識も忘れなくてはいけない。

無になるのは一つに打ち込むことだと言いましたように、樵は木を切っているわけですから、斧で木を切るということに全身全霊で打ち込んでいると、自然とさとりが消える。そのさとりが消えたときこそが本当の安らかな心境なのでございましょう。

自分は悟りを得たというような思いは、自慢や慢心というものにもつながりかねません。ですから、悟りというものが消えてしまっているときが一番真の悟りというのでしょう。私はそういうふうに受け止めております。

●因果の法則からは誰も逃れることができない――第二則「百丈野狐」

さて、それでは今日の話にまいりましょうか。前回のお話が「無になる」ということでした。そこでお話ししたのは、無になるということを意識しても難しいので、森信三先生の言われるような「相手の立場になる」「相手の身になる」「相手の気持ちを慮る」といったところから始めたらどうかということで、そのような言葉をお示しさせていただきました。

禅の修行というのは最初、無になれ、無になれ、無になれと言います。具体的には「ムー」という自分の呼吸になり切るという努力をいたします。無を単なる概念的なものとして考えるよりも、「無」の一字になろうとする、「無」の一呼吸に打ち込むという感覚です。そうすることによって、だんだんと頭の中が空っぽになっていくという修行をするわけです。

しかし、無になるということが目指すところなのではありません。それはあくまでも通過点でございまして、そこから有の世界・現実の世界でどう生きていったらいいのかということを求めていかなければなりません。

そこで今回は、無になったところから自己確立をしていく、何かを打ち立てていく、建設していくということについてお話ししてまいります。建設の「建」という字と「立つ」という字で「建立」と書いて「こんりゅう」と読みますけれども、真の自己を確立していく、建立をしていくというところを今日は学んでいきたいと思います。

その冒頭に『無門関』第二則「百丈野狐《ひゃくじょうやこ》」という問題をお話しいたします。少々長いのですが、一回ざっと全文を拝読いたします。

無門関　第二則
百丈野狐《ひゃくじょうやこ》

百丈和尚《ひゃくじょうおしょう》、凡《およ》そ参《さん》の次《つい》で一老人《いちろうじん》有《あ》り。常《つね》に衆《しゅ》に随《したが》って法《ほう》を聴《き》く。衆人退《しゅにんしりぞ》けば老人《ろうじん》も亦退《またしりぞ》く。忽《たちま》ち一日退《いちじつしりぞ》かず。師遂《しつい》に問《と》う、面前《めんぜん》に立《た》つ者《もの》は復《ま》た是《こ》れ何人《なんぴと》ぞ。老人云《ろうじんいわ》く、諾《だく》、某甲《それがし》は非人《ひにん》なり。過去迦葉仏《かこかしょうぶつ》の時《とき》に於《お》いて曾《かつ》て此《こ》の山《やま》に住《じゅう》す。因《ちな》みに学人《がくにん》問《と》う、大修行底《だいしゅぎょうてい》の人還《ひとかえ》って因果《いんが》に落《お》つるや也《ま》た無《いな》や。某甲対《それがしこた》えて云《いわ》く、不落因果《ふらくいんが》と。五百生野狐身《ごひゃくしょうやこしん》に堕《だ》す。今請《いまこ》う和尚《おしょう》、一転語《いってんご》を代《か》わって貴《たっと》ぶらくは野狐《やこ》を脱《だっ》せしめよといって、遂《つい》に問《と》う、大修行底《だいしゅぎょうてい》の人還《ひとかえ》って因果《いんが》に落《お》つるや也《ま》た無《いな》や。師云《しいわ》く、不《ふ》昧因果《まいいんが》と。老人言下《ろうじんごんか》に於《お》いて大悟《たいご》、作礼《さらい》して云《いわ》く、某甲已《それがしすで》に野狐身《やこしん》を脱《だっ》して、山後《さんご》に住在《じゅうざい》せん。敢《あえ》て和尚《おしょう》に告《もう》す、乞《こ》う亡僧《もうそう》の事例《じれい》に依《よ》れと。師維那《しいのう》をして白槌《びゃくつい》して衆《しゅ》に告《つ》げしむ、食後《じきご》に亡僧《もうそう》を送《おく》らんと。大衆言議《たいしゅごんぎ》す。一衆皆安《いっしゅみなやす》し、涅槃堂《ねはんどう》に又人《またひと》の病《や》む無《な》し。何《なに》が故《ゆえ》に是《か》くの如《ごと》くなると。食後《じきご》に只師《ただし》の衆《しゅ》を領《りょう》して、山後《さんご》の巌下《がんか》に至《いた》って、杖《つえ》を以《もっ》て一死野狐《いちしやこ》を挑出《ちょうしゅつ》して、乃《すなわ》ち火葬《かそう》に依《よ》るを見《み》る。師晩《しばん》に至《いた》って上堂《じょうどう》、前《さき》の因縁《いんねん》を挙《こ》す。黄檗便《おうばくすなわ》ち問《と》う。古人錯《こじんあやま》って一転語《いってんご》を祗対《したい》して、五百生《ごひゃくしょう》野狐身《やこしん》に堕《だ》す。転々錯《てんてんあやま》らずんば、箇《こ》の甚麼《なに》とか作《な》るべきと。師云《しいわ》く、近前来伊《きんぜんらいなんじ》が与《ため》に道《い》わん。黄檗《おうばく》遂《つい》に近前《きんぜん》して、師《し》に一掌《いっしょう》を与《あた》う。師手《して》を拍《う》って笑《わら》って云《いわ》く、将《まさ》に謂《おも》えり、胡鬚赤《こしゅしゃく》と更《さら》に赤鬚胡《しゃくしゅこ》有《あ》らんとは。

無門曰《むもんいわ》く、不落因果《ふらくいんが》、甚《なん》と為《し》てか野狐《やこ》に堕《だ》す。不昧因果《ふまいいんが》、甚《なん》と為《し》てか野狐《やこ》を脱《だっ》す。若《も》し者裏《しゃり》に向《む》かって一隻眼《いっせきげん》を著得《じゃくとく》せば、便《すなわ》ち前百丈《ぜんひゃくじょう》贏《か》ち得《え》て風流《ふうりゅう》五百生《ごひゃくしょう》なることを知得《ちとく》せん。

頌《じゅ》に曰《いわ》く、

不落不昧《ふらくふまい》。両采一賽《りょうさいいっさい》。不昧不落《ふまいふらく》、千錯万錯《せんしゃくばんしゃく》。

では、一句ずつ読んで学びながら、意味内容について考察をしていきましょう。

「百丈野狐」の百丈とは百丈懐海《えかい》という和尚のことでございます。中国の唐の時代の方です。西暦七四九年から八一四年まで生きたといわれておりますが、九十歳まで生きたという説もあります。

この百丈和尚は、禅寺で禅の修行をするときの様々な作法や規則を確立した方であるといわれております。禅というのは、今では臨済宗とか禅宗とかといって大きな顔をしておりますけれども、もともとはアウトローというのかアウトサイダーというのか、仏教の正統な歴史の流れから少し外れたところで自由な暮らしをしている人たちの集団でした。

そういう禅的な生き方に賛同した人々がだんだんと集まってくるようになって、中国の唐の時代になると一つの組織を形成するようになってきました。そして新しい集団生活をするために様々な規則、決まり事を作らなければならないということになりました。そのあたりからインドの仏教から中国の仏教が変化発展をして、中国では農耕を始めるようになりました。畑を耕し、田んぼを作ったのです。

お釈迦様の時代は、土の中にいる生き物を殺すからという理由で農耕は禁じられていました。土の中には必ず虫がいますから、農作物を作ればどうしても虫を殺すことになります。虫を殺さないようにしようと思ったら鍬《くわ》は振れません。ですから、お釈迦様は農耕を禁じておりました。

けれども、今申し上げたように禅を実践するお坊さんたちが集まってきました。もともと仏教の教団は、食事などを皆布施《ふせ》してもらっていました。ところが禅を実践する集団も大きくなって、その集団を維持していくためにはお布施だけではやっていけなくなりました。そこで中国では百姓の仕事をするようになりました。そのときに畑を耕すことも作物を作ることも仏道に適《かな》うのだという教えに変わっていったわけです。その時期が百丈懐海禅師の頃であるといわれております。

ここから禅宗は労働を尊ぶようになりました。「一日作《な》さざれば一日食らわず（一日働かなかったらば一日食べるわけにはいかない）」という有名な話がありますけれども、これは百丈和尚のことでございます。当時のことですから九十歳まで生きたわけはないと思うのですが、一説には九十を過ぎても皆と一緒に畑仕事をするので、お寺の者たちは禅師様に申し訳ないからと「禅師様はもうご高齢ですからお休みください」と言って鍬などの百姓の道具を隠してしまいました。すると、百丈禅師は次の日からご飯を食べなくなったので、「どうしてご飯を食べないのですか」と聞くと、「自分のような者には徳がないのに、どうして人にはたらいてもらっていいだろうか」と言って、道具を探すうちに、食べることを忘れてしまっていたというのです。そこから「一日作さざれば一日食らわず」という言葉ができて、世に弘まりました。

働くというところに禅が重きを置いたのはこの時代からなのです。元々は食べていけないから働かざるを得なかったわけだと察しますが、その働くというところに禅が積極的な意味を見出していったと言えます。私なども今も掃除をしたり、畑の世話をしたりしています。そうやって体を動かすというのはいいことだと思います。聞いたところでは、今でも南方のお坊さんはお釈迦様の時代の決まりをそのまままちっと守っていて、働いてはいけないのだそうです。その代わりに毎日托鉢《たくはつ》をして、ご飯をいただいているのだとか。

百丈和尚《ひゃくじょうおしょう》、凡《およ》そ参《さん》の次《つい》で一老人《いちろうじん》有《あ》り。常《つね》に衆《しゅ》に随《したが》って法《ほう》を聴《き》く。衆人退《しゅにんしりぞ》けば老人《ろうじん》も亦退《またしりぞ》く。忽《たちま》ち一日退《いちじつしりぞ》かず。師遂《しつい》に問《と》う、面前《めんぜん》に立《た》つ者《もの》は復《ま》た是《こ》れ何人《なんぴと》ぞ。

（《百丈和尚が説法をするときに、いつも老人が聞いていた。皆が退けば老人も退いていた。》ある日説法が終わっても立ち去らなかった。それを訝《いぶか》り尋ねた。《「目の前に立っている者は何者か」》）

百丈懐海禅師がお説法をしていると、「参の次で一老人有り」と。お説法をしていると、参加者の中に老人がいたわけですね。そして「常に衆に随って法を聴く」ですから、いつも皆と一緒に法話を聴いていた。また「衆人退けば老人も退く」ということで、禅師のお説法が終わって皆が部屋に戻っていくと、その老人もいなくなった。ところが「忽ち一日退かず」と。ある日説法が終わっても老人だけが残っていたというわけです。それはどうしてなのか。何か用事があるのでしょうね。講演会などでも話が終われば皆帰っていきますけれども、一人だけ残っているというときは何か用があるときですね。

ですから、「師遂に問う、面前に立つ者は復た是何人ぞ」と。百丈和尚はどうして一人だけ残っているのか訝《いぶか》って、尋ねたわけです。目の前に立っている者、お前は何者だ、と聞いたわけです。その人は「老人」と書いていますからお坊さんではないでしょうね。お坊さんならば「僧」と書くでしょうから。

老人云《ろうじんいわ》く、諾《だく》、某甲《それがし》は非人《ひにん》なり。過去迦葉仏《かこかしょうぶつ》の時《とき》に於《お》いて曽《かつ》て此《こ》の山《やま》に住《じゅう》す。因《ちな》みに学人問《がくにんと》う、大修行底《だいしゅぎょうてい》の人還《ひとかえ》って因果《いんが》に落《お》つるや也《ま》た無《いな》や。某甲対《それがしこた》えて云《いわ》く、不落《ふらく》因果《いんが》と。五百生《ごひゃくしょう》野《や》狐身《こしん》に堕《だ》す。

（《老人は、「はい、自分は人間ではございません。はるか昔の迦葉仏《かしょうぶつ》のときに、この山に住していた者です」と言った。》「大いに修行した人でも因果に落ちるのかという質問に対して、「因果に落ちない」と答えたために、五百回もの生を狐として送ることになった《のです》」）

すると「老人云く、諾、某甲は非人なり」と。「諾」というのは「応諾」すると言うように、「はい」と返事をすることです。「某甲は非人なり」。なんとまあ不気味な話でございますが、「実は私は人間ではございません」と。人間でないとすると何かというと、「過去迦葉仏の時に於いて曾て此の山に住す」と。「迦葉仏」というのはお釈迦様の前の仏様です。

仏教はお釈迦様が紀元前五世紀頃にインドにお生まれになって始まりましたが、最初の頃は、仏様というとお釈迦様一人でした。でも、だんだんと歴史が下るにつれて、お釈迦様の教えをよりいっそう正統化しようという動きが出てきて、お釈迦様以前にも仏陀がいたのだという論が出てきました。それで、お釈迦様の前の仏様を「迦葉仏」と呼ぶようになったのです。

仏様にはいろんな数え方がありますが、「過去七仏」といって、お釈迦様までに七人の仏陀がいたとされています。それは、毘婆尸仏《びばしぶつ》、尸棄仏《しきぶつ》、毘舎浮仏《びしゃふぶつ》、倶留孫仏《くるそんぶつ》、倶那含牟尼仏《くなごんむにぶつ》、迦葉仏、釈迦牟尼仏（お釈迦様）という順になっています。七番目の仏陀がお釈迦様ですから、迦葉仏はその一つ前に現れた仏陀ということになります。

ただ、前と言いましても二十年三十年というのではなくて、もう遠い遠い昔なんです。その迦葉仏がこの世にいらっしゃったときに「曽て此の山に住す」自分はこの山に住んでいたのです、と。

そこで「因みに学人問う」。「学人」とは仏道を学ぶ人という意味で「修行者」のことをいいます。今日は学問をする人と修行をする人とが完全に分かれてしまいましたけれども、元々は修行する者が学び、学ぶ者が修行するということでした。「学」とは文字の上の研鑽《けんさん》と実践とが一つになっていました。その時代の「学人」ですので、単なる大学の先生とか学校で勉強をしている生徒ではありません。「仏道を学んでいる者」という意味です。だから「修行者」といっていいのです。

その修行者がこんな質問をしました。ここには「大修行底の人還って因果に落つるや也た無や」と書いていますけれども、語学的に読み方が進歩してまいりまして、今は「大修行底の人還《は》た因果に落つるや」と読んでいます。「也た無や」というのは疑問を表す疑問の助辞です。今でいえば「?」というクエスチョンマークです。つまり、この質問は「因果に落ちるのか、落ちないのか」という二者択一を迫るような問いかけではなくて、「因果に落ちるのか」と聞いているというのが今日の解釈です。

そういうふうに今、語学的に様々なことがわかってきて、従来の読み方から変化しているところがあります。でも、私は昔風の読み方にも愛着があって、「落つるや也た無や」と紹介をさせていただいております。

さて、この「大いに修行した人でも因果に落ちるのか」という質問に対して、自分は「不落因果」因果に落ちないと答えた。ところが、その答えが間違っていたために「五百生野狐身に堕す」五百回もの生を狐として生まれ変わってきたというのです。狐の一世代は何年ぐらいでしょうか。五百回もですから、数十年や数百年どころか千年単位でしょうね。

現実の世界は原因と結果です。原因があれば結果があるという因果の法則性の中で私たちは生きております。でも、修行して悟りを開いたならば、原因があって結果があるという因果の世界を超越することができるのだろうかというのが、この質問の意図です。そして、因果の世界に落ちない、それを超越できるということは、原因や結果の法則性に束縛されることはないという意味です。

本当に修行をして悟りを開いたならば、この世界を超越した高い世界に至ることができて、その結果、善いことをすれば善い報いがあるとか、悪いことをしたら悪い報いがあるという因果応報の法則性に束縛されることはなくなってしまうという立場が

「因果に落ちない」ということです。

この老人は「因果に落ちるか」という質問に対して、本当に修行して悟りを開いたような人は現実の原因や結果の法則には縛られない、そんな因果の世界には落ちずに超越していくんだという立場で答えたわけですけれども、その答えが間違っていたのでしょう、五百回も狐になったというのです。これを「野狐禅」といって、広辞苑にもこの言葉が載っています。誤った禅の考え方を「野狐禅」といいます。

ですから、この「実は人間ではない」といった老人は、実は狐なのだということです。しかももう何百年何千年前にこの山にいて、問答の答えが間違ったがために五百回も狐に生まれて死んで、生まれて死んで、を繰り返しているというわけです。

今《いま》請《こ》う和尚《おしょう》、一転語《いってんご》を代《か》わって貴《たっと》ぶらくは野狐《やこ》を脱《だっ》せしめよといって、遂《つい》に問《と》う、大修行底《だいしゅぎょうてい》の人還《ひとかえ》って因果《いんが》に落《お》つるや也《ま》た無《いな》や。師云《しいわ》く、不昧因果《ふまいいんが》と。老人言下《ろうじんごんか》に於《お》いて大悟《たいご》、作礼《さらい》して云《いわ》く、某甲已《それがしすで》に野狐身《やこしん》を脱《だっ》して、山後《さんご》に住在《じゅうざい》せん。敢《あえ》て和尚《おしょう》に告《もう》す、乞《こ》う亡僧《もうそう》の事例《じれい》に依《よ》れと。

（そこで百丈に、狐の身を脱するための一句を代わりに言ってほしいとお願いした。老人が「大いに修行した人でも因果に落ちるのか」とたずねると、百丈は「因果をくらまさない」とこたえた。

それを聞くと老人は大悟していった、「おかげで狐の身を脱することができた。骸《むくろ》が山にあるので、それを僧侶として弔《とむら》って欲しい」）

そこで「今請う」今お願いを致します、と。「一転語を代わって」の「一転語」は、私がかつて習った頃には、「転」という字がありますように迷いの世界から悟りの世界へと転ずる言葉だと言われていました。つまり、私たちの迷いを悟りへと転じてくれる言葉だと。なるほど、という感じですね。

ところが、これも今日語学的な研究が進みまして、そういう意味ではないそうです。「転」とは「量詞」という、数を数える一つの単位であると。ですから、これは単に「一つの言葉」という意味だというんです。迷いを悟りに転ずる言葉のほうがいいなと今でも思うのですけれども、しかし、「一つの言葉」ということなので、ここでは「一句を代わりに」というふうに訳しています。

そういうところも学問の研究は進んでいきます。その結果として、不易流行といいますけれども、変わらないものと変化していくものがあります。

そこで「一つの言葉を私の代わりに言ってください」と。そして「貴ぶらくは野狐を脱せしめよ」というのは、「この私を狐の身から逃れさせてください」ということ。

そういうお願いをしたのです。そして尋ねました。「遂に問う、大修行底の人還って因果に落つるや也た無や」大いに修行した人でも因果に落ちるのですか、と。「師云く、不昧因果」すると、百丈和尚は答えました。「因果をくらますことはできない」と。

それを聞いて「老人言下に於いて大悟」老人は悟りを開きました。ああ、やっぱりそうであったか、と。そして「作礼して云く」お辞儀をして「某甲已に野狐身を脱して、山後に住在せん」と言いました。「お陰で私は狐の身を脱することができました。この山の裏に狐の亡骸《なきがら》がございます」と言ったんです。

さらに「敢て和尚に告す、乞う亡僧の事例に依れと」。私は元々この山に住んでいた僧でございましたけれども、一つの言葉を間違ったがために五百回も狐の身に生まれておりました。でも、今ようやく禅師の言葉を聞いて、狐の身から逃れることができました。どうか最後は僧侶としてお弔いをしてくださいと、お願いをしたのです。

●弟子に平手打ちを食らって大笑いした百丈和尚

師維那《いのう》をして白槌《びゃくつい》して衆《しゅ》に告《つ》げしむ、食後《じきご》に亡僧《もうそう》を送《おく》らんと。大衆言議《たいしゅごんぎ》す。一衆皆《いっしゅみな》安《やす》し、涅槃堂《ねはんどう》に又人《またひと》の病《や》む無《な》し。何《なに》が故《ゆえ》に是《か》くの如《ごと》くなると。食後《じきご》に只《ただ》師《し》の衆《しゅ》を領《りょう》して、山後《さんご》の巌下《がんか》に至《いた》って、杖《つえ》を以《もっ》て一死野狐《いちしやこ》を挑出《ちょうしゅつ》して、乃《すなわ》ち火葬《かそう》に依《よ》るを見《み》る。

（維那に命じて、亡くなった僧侶を食後に弔うと皆に伝えさせた。それを聞いた修行僧たちは、病人もいないのに不思議なことだと訝しんだ。食後、百丈は皆をひきいて山の巌《いわお》の下にいき、杖で狐の骸を取りだすと、それを火葬に付したのであった）

「維那」というのは、お寺の行事進行を司る係です。「今日は皆で畑の仕事をするぞ」「今日は托鉢に行くぞ」「今日は皆で中の掃除をするぞ」というふうに指示・差配をする立場の役職を「維那」といいます。百丈はその人に「今日は食後にお坊さんのお葬式をする」と命じて、皆に通達を出したわけです。

「白槌」というのは、ドラマの裁判の場面で裁判長が「静粛に」と言ってコンコンと叩く、あの木の槌です。ああいうのは元々お寺でやっていたものです。皆に合図をするために木槌で木をカチンカチンと叩くのです。

　ここではカチンカチンと木槌で木を叩いて鳴らして、皆に「今日はお昼ご飯が終わったあとにお坊さんのお葬式をするぞ」と言ったわけです。すると「大衆言議す」。

この「大衆」は修行者たちです。修行者たちは、「あれ？　おかしいな」と思ったんです。なぜかというと、「一衆皆安し、涅槃堂に又人の病む無し」と。「涅槃堂」というのは、病気のときに療養するための建物です。つまり、今はみんな元気で療養所には誰も病気の者はいないのに「何が故に是くの如くなると」どうして食後にお坊さんの葬式をするんだ、どうもおかしいんじゃないか、誰かが死んだなんて話は聞いていないぞ、といぶかしんだわけです。

しかし、次に「食後に只師の衆を領して、山後の巌下に至って、杖を以て一死野狐を挑出して、乃ち火葬に依るを見る」とありますように、食事の後に百丈和尚は皆を連れて山の巌《いわお》の下に行きました。そして、狐の亡骸を杖で引っ張り出してきて火葬にしました。

お釈迦様も火葬でしたし、今は日本ではほとんどが火葬になりましたけれども、燃料が必要ですから昔は大変だったんです。火葬は高貴な身分の人のみとされていた時代もありました。時代によって様々ですけれども、この時代には和尚様方も土葬ではなくて火葬にしていました。つまり、狐の亡骸を火葬にしたということは、お坊さんとしてお弔いをしたという意味です。そういう実に不可解な話があったというのが、第一幕です。

師晩《しばん》に至《いた》って上堂《じょうどう》、前《さき》の因縁《いんねん》を挙《こ》す。黄檗《おうばく》便《すなわ》ち問《と》う。古人《こじん》錯《あやま》って一転語《いってんご》を祇対《したい》して、五百《ごひゃく》生《しょう》野狐身《やこしん》に堕《だ》す。転々《てんてん》錯《あやま》らずんば、箇《こ》の甚麼《なに》とか作《な》るべきと。

（その晩、百丈は先の因縁を話した。黄檗はすかさず尋ねた、「古人は答えを間違えたために五百生もの間野狐の身となりました。もし一語一語すべて間違えることがなければ何になったでしょうか」）

次に第二幕です。「師晩に至って上堂」、百丈和尚はその日の晩にお説法をしました。「上堂」、つまり「堂に上る」というのは、お説法をするお堂に上るというのが元々の意味です。そこから「お説法をする」ことを表すようになりました。

百丈和尚が「実は昼間、こういうことがあった」と皆に話をしたら、「黄檗便ち問う」黄檗禅師がすかさず尋ねました。黄檗禅師は臨済禅師のお師匠様です。このときはまだ修行者として百丈禅師の下で修行をしておられたのです。ただし、修行といっても、もう既に十分にでき上がった状態にありました。

この黄檗禅師が質問をしたわけですね。「古人」昔の人というのは、つまり、その狐のことです。「その人は遠い昔に一つの言葉を間違ったために五百回もの間、狐の身となったわけですけれど、もし一語一語すべて間違えることがなければ何になったでしょうか」と問うたのです。答えが間違ったから狐になったけれども、間違わなければいったい何になったのでありましょうかと、こういう質問をしたわけですね。

師云《しいわ》く、近前来伊《きんぜんらいなんじ》が与《ため》に道《い》わん。黄檗遂《おうばくつい》に近前《きんぜん》して、師《し》に一掌《いっしょう》を与《あた》う。師手《して》を拍《う》って笑《わら》って云《いわ》く、将《まさ》に謂《おも》えり、胡鬚赤《こしゅしゃく》と更《さら》に赤鬚胡《しゃくしゅこ》有《あ》らんとは。

（百丈はいう、「近くに来なさい、君のためにいってやろう」。黄檗は近づくと、百丈を平手で打った。百丈は手を叩き笑っていう、「かの外国人のヒゲは赤いとばかり思っていたが、なんとここにも赤い鬚の外国人がいたとは」）

百丈禅師は黄檗禅師に対して「近前来」近くに来なさいと言いました。「ちょっと前に来い」という感じです。「伊が与に道わん」、あなたのために答えを言ってやろう、と。

するとお黄檗禅師はつかつかとお師匠さんの傍に近づいて行って、やにわに「一掌を与う」というのは平手打ちにするということです。お師匠さんの横っ面を平手でピシャーンと張ったのです。

普通、弟子が師匠を平手打ちするというのは大変なことです。しかし、お弟子に横っ面を張られた百丈和尚は手を打って大笑いをしました。そして「将に謂えり、胡鬚赤と更に赤鬚胡有らんとは」と言いました。「かの外国人のヒゲは赤いとばかり思っていたが、なんとここにも赤いヒゲの外国人がいたとは」という訳になりますけれども、これだけでは全《まった》く意味がわかりません。実はこれは「上には上がいるなあ」という意味なのです。「上には上がいるな。一枚上手であるなあ」というのが、この言葉の意図するところです。

これを理解するのに、侯白《こうはく》と侯黒《こうこく》という泥棒の話を用います。昔、侯白という名うての大泥棒がいました。その大泥棒が道を歩いていると井戸の傍で女性がしくしく涙を流して泣いていました。それを見た泥棒は「お嬢さん、どういたしましたか」と聞くのです。するとそのお嬢さんは「私の大事な簪《かんざし》をこの井戸の底に落としてしまいました」と言いました。今で言えば何十万、何百万もするような大変な値打ちがある、世に二つとないような素晴らしい宝の簪を井戸に落としてしまったので残念でしょうがありません、と。

それを聞いた大泥棒は「しめた」と思って、「よし、お嬢さん、じゃあ私がこの井戸に下りて簪を取ってきてあげます」と言って井戸に下りていきました。泥棒の考えていることははっきりしています。井戸に入って探したけれど、いくら探しても簪は見つかりませんでしたと言って、その簪を自分の懐《ふところ》に入れて、あとで売って儲《もう》けようと思ったんですね。

泥棒は、お嬢さんのためにという振りをして井戸の底に下りていきました。上のほうからお嬢さんが「もうちょっとこっちのほうです。いや、もうちょっと右のほう」と声を出して指示をします。泥棒は自分のものにしようとしか思っていないわけですから、一所懸命探しました。

ところが、そのうちにお嬢さんの声が聞こえなくなりました。これはどうしたことかと泥棒は不審に思いました。簪も見つからないので、仕方なしに縄を手繰《たぐ》って井戸から出てみると、お嬢さんがいません。それだけでなくて、泥棒が持っていた金品も着ているものも全部根こそぎなくなっていました。実は、このお嬢さんも侯黒という泥棒だったんです。盗られた方が侯白です。騙《だま》された侯白は「ああ、これはあいつのほうが一枚上手だった」と天を仰ぎました。

これがまさに「将に謂えり、胡鬚赤と更に胡鬚有らんとは」という言葉の意味です。禅の修行をしたのは俺だけだと思っていたけれども、俺よりも一枚上手なのはお前だというような意味で言ったのがこの言葉です。

●五百回狐になったとしても決して悪いことではない

無門《むもん》曰《いわ》く、不落因果《ふらくいんが》、甚《なん》と為《し》てか野狐《やこ》に堕《だ》す。不昧因果《ふまいいんが》、甚《なん》と為《し》てか野狐《やこ》を脱《だっ》す。

（《無門は言った。》「因果に落ちず」でどうして狐に身をやつしたのだろう。「因果を味《くらま》さず」でどうして狐の身を脱したのだろう）

「不落因果」因果に落ちない、小さな原因結果の法則に縛られずに、そんなものを超越することができると答えたら、どうして狐に身をやつしたのだろうか。逆に「不昧因果」因果を味さない、原因と結果の法則を味すことはできない、些細なことでも悪いことをすれば必ず悪い報いは受けるし、どんなに修行をしようと、どんな立場になろうと悪の報いは必ず受けなければならないと答えたら、どうして狐の身を脱したのであろうか、と。

若《も》し者裏《しゃり》に向《む》かって一隻眼《いっせきげん》を著得《じゃくとく》せば、便《すなわ》ち前百丈《ぜんひゃくじょう》贏《か》ち得《え》て風流《ふうりゅう》五百生《ごひゃくしょう》なることを知得《ちとく》せん。

（ここで真理を看ぬく眼をつけることができれば、狐となった老人が五百生の風流を勝ちえたことがわかるだろう）

「者裏」は「ここのところ」という意味です。もしこの問題について「一隻眼」、つまり真理を看ぬく眼を身につけることができたならば、「前百丈贏ち得て風流五百生なることを知得せん」と。この表現が面白いですね。「前百丈」とは狐になった老人を指します。狐になった老人が五百回も狐に生まれ変わったというのは、人間の立場から見れば大きな間違いをおかして大変な罰を受けたように見えるけれども、実は五百回も風流な生き方ができたということだとわかるであろう、と。

つまり、五百回狐になったことは決して悪いことではないのではないかと言っているのです。「あくせくしてお寺の和尚をやっているより、狐となって野山を駆け回っていたというのも風流というものではないか」という見方を無門禅師は示しているのです。こういう見方が禅の一つの醍醐味《だいごみ》でもあります。

狐に生まれたのを悪いように感じるのは、人間の先入観でしょう。狐にしてみれば、人間というのはえらい不自由なやつだと思って見ているかもしれません。だから、五百回狐に生まれたというのも風流だというわけです。

頌《じゅ》に曰《いわ》く、
不落不昧《ふらくふまい》。両采一賽《りょうさいいっさい》。不昧不落《ふまいふらく》、千錯万錯《せんしゃくばんしゃく》。

（《頌に曰く、》『落ちず』と『くらまさず』とは二つだけど同じようなもの。『落ちず』と『くらまさず』とどちらも大間違い）

「不落不昧」というのは、因果に落ちず、因果にくらまされないということ。「采」は双六《すごろく》で振った目の点数の種類のことで、「賽」は一回の筒の振り出しのこと。「両采一賽」とは、二つのものが同じということを表します。つまり、「不落因果」と「不昧因果」は二つのようだけれども一つだということです。

サイコロを振ると、いろんな目が出ます。いろんな数がでますけれども、どんな目が出ても、本体のサイコロに変わりはありません。そのように、「不落因果」と言おうが、「不昧因果」と言おうが、その言葉はサイコロの目のようなもので、異なるように見えても、本体は変わることがないのです。

また、「不昧因果」と「不落因果」は一つのようだけれども、「千錯万錯」どちらも大きな間違いであるぞ、と言っているのです。「不落因果」が間違いで、「不昧因果」が正しいなどと、分別の心をはたらかせたら、もう大間違いだぞと言っています。

このように『無門関』第二則では、因果というものはごまかすことができない、味すことはできないぞ、ということを狐の話で謳《うた》っているのです。

●些細なことを丁寧にやっていく——第七則「趙州洗鉢」

「自己を確立していく」というテーマで、引き続き第七則と第二十則を学んでいきたいと思います。ここでは些細なこと一つひとつを大切にしていくということを学びます。

まず第七則の「趙州洗鉢《じょうしゅうせんぱつ》」です。

無門関第七則
趙州《じょうしゅう》洗鉢《せんぱつ》

趙州《じょうしゅう》因《ちな》みに僧問《そうと》う。某甲《それがし》乍《さ》入叢林《にゅうそうりん》乞《こ》う師《し》指示《しじ》せよ。州云《しゅういわ》く、喫粥了《きっしゅくりょう》や也未《またいま》だしや。僧云《そういわ》く、喫粥《きっしゅく》し了《おわ》る。州云《しゅういわ》く、鉢盂《はつう》を洗《あら》い去《さ》れ。其《そ》の僧省有《そうせいあ》り。
無門曰《むもんいわ》く、趙州口《じょうしゅうくち》を開《ひら》けば胆《たん》を見《み》る、心肝《しんかん》を露出《ろしゅつ》す。者《こ》の僧《そう》、事《じ》を聴《き》いて真《しん》ならず。鐘《かね》を喚《よ》んで甕《かめ》と作《な》す。
頌《じゅ》に曰《いわ》く、
只分明《ただふんみょう》に極《きわ》むるが為《ため》に、翻《かえ》って所得《しょとく》を遅《おそ》からしむ。早《はや》く知《し》る灯《ともしび》は是《こ》れ火《ひ》なることを。
飯熟《はんじゅく》すること已《すで》に多時《たじ》。

それでは一文ずつ学んでいきましょう。

趙州《じょうしゅう》因《ちな》みに僧問《そうと》う。某甲《それがし》乍《さ》入叢林《にゅうそうりん》乞《こ》う師《し》指示《しじ》せよ。州云《しゅういわ》く、喫粥了《きっしゅくりょう》や也未《またいま》だしや。僧云《そういわ》く、喫粥《きっしゅく》し了《おわ》る。州云《しゅういわ》く、鉢盂《はつう》を洗《あら》い去《さ》れ。其《そ》の僧省有《そうせいあ》り。

（《趙州和尚に僧が聞いた。》「《私は》叢林（僧堂）に入ったばかりです、ご教示を」という僧に対して、趙州は「朝飯は食べたかね」とたずねた。新米の僧が「食べました」とこたえると、趙州は「食器を洗いに行きなさい」とかえした。僧はハッと気づくところがあった）

これが「趙州洗鉢」という問答です。こちらは先の問答とは一転して随分簡単ですけれども、『無門関』にはこういう簡潔な問答が多いのです。前回も少しふれましたけれど、簡潔にして言わんとするところが明快に表されているので、日本では『無門関』が大変に重んじられました。

趙州和尚は長生きをしたことで有名です。七七八年に生まれて八九七年に亡くなっていますから百十九歳、数え年でいうと百二十歳です。百丈懐海禅師より少し後の人で、年代がはっきりしています。人間も自然に生きれば百二十歳ぐらいまで生きるんだという説もありますけれども、趙州和尚は本当に百二十まで生きたと言われております。詳しい経歴は省略いたしますが、とても長生きした人です。

趙州和尚にある修行僧が質問をしました。「某甲乍入叢林」の「乍入叢林」とは、まだ叢林に入ったばかり、要するに「新米でございます」と言っています。そのため「乞う師指示せよ」。何もわからないので「どういうふうに修行をしたらいいでしょうか」と聞いたわけですね。

すると「州云く、喫粥了や也未だしや」。禅宗のお寺の朝食はお粥が基本です。もともとお釈迦様の時代には日中に一食だったそうですが、禅宗は労働を始めたものですから、朝は軽く食事をいただいて、昼が正式なご飯、それから夕方も虫おさえといって軽い食事をとるようになってまいりました。今でも南方のお坊さんたちは正午を過ぎると物を食べないというのが決まりになっています。

こういう決まりというのも大変流動的なところがあります。南方のお坊さんが午後から物を食べないというのは腐るからだそうです。お釈迦様の頃は、その日、村の人たちが食べるものをくださるわけです。ひょっとしたら前の日の残りをいただくこともあったかもしれません。当時、仏教が広まっていたインドは暑い国ですし、今の我々と違って冷蔵庫がありませんから、そのまま置いておくと腐ってしまいます。だから、お釈迦様はお昼までには食べ終わりなさいということを言ったのだと聞いたことがあります。ちなみにインドの仏教は一時期なくなっていましたが、今また新たに復活しつつあります。

仏教が中国に行って禅宗のお坊さんたちが労働を始めると、やはりお腹がすきますからね。それではというので夕方にも軽い食事を与えるようになりました。その名残がありまして、私どもの修行の世界では、一般の和尚さんは別として、修行道場の中では朝はお粥を炊き、お昼もご飯を炊きます。晩はご飯を炊かずに、お昼の残りをいただくということになっています。

人間、頭がいいものですから、ちゃんと残るように炊くんですね。残るように炊いて、残したご飯をお味噌汁の中に入れて、雑炊というか、おじやというか、少し炊いて嵩《かさ》を増やして夕方にいただく。そういう名残が今でも残っています。

この修行僧が尋ねたのは、まだ午前中だったのでしょう。だから、趙州和尚は「お前さん、お粥は食べたかい?」と聞いたんですね。すると「僧云く、喫粥し了る」。「はい、お粥を食べました、と。そこで「州云く、鉢盂を洗い去れ」と。「鉢盂」とは食器のことです。「ご飯を食べたら食器を洗いに行きなさい」と、こう言ったわけですね。極めて明瞭な答えです。

ご飯を食べたら食器を洗う。どれだけ修行をしても、やはり自分で使ったものは自分で洗う。これはさっきの不味因果と同じです。大変な修行を積んだ趙州和尚のような人であろうと、やはり自分の食器は自分で洗うというのが禅の世界です。「持鉢」といいますが、自分の食器は自分で管理をします。

このような些細なことを疎《おろそ》かにしてはいけないのです。履物をきちんと揃える。返事は必ずする。使ったものはきれいに洗い、元の場所に戻す。どんなに修行をしても、そういうこと一つひとつをきちっと積み重ねていく。修行というのはそういうもの以外にはないといっているんです。禅というのは何か特別な真理に目覚めるということではなくて、一つひとつのことを丁寧にやっていくことだ、と。これは大変明快な問題でありましょう。

●はっきりしすぎていて気づかないことがある

無門曰《むもんいわ》く、趙州口《じょうしゅうくち》を開《ひら》けば胆《たん》を見《み》る、心肝《しんかん》を露出《ろしゅつ》す。者《こ》の僧《そう》、事《じ》を聴《き》いて真《しん》ならず。鐘《かね》を喚《よ》んで甕《かめ》と作《な》す。

（《無門禅師が言った。》趙州は口を開くや、はらわたをさらけ出した。この僧はちゃんと理解することができず、鐘を甕とよんでいる）

この問題について無門慧開《えかい》禅師が批評をされました。「趙州口を開けば胆を見る、心肝を露出す」とは、「一言口を開くと、はらわたまでがまる見えだ」という意味です。つまり、「ご飯を食べたならば食器を洗え」というその一言で、趙州和尚は禅の極意というものを全部さらけ出したようなものだと言っているのです。

禅というのは何も特別なことはない。食事が終わったならば、お椀をきちっと洗っておく。あるいは履物をきちんと揃えておく。庭の掃き掃除をする。そういう一つひとつのことに禅の道は現れている。それ以外のことは何もないということなのです。

しかし、「者の僧、事を聴いて真ならず」。このお坊さんは、趙州和尚の素晴らしい答えを聴いたけれども、残念ながら十分に理解ができなかった、というのです。趙州和尚は禅の極意まで全部さらけ出してくれたにもかかわらず、このお坊さんはそこまで理解できなくて、「鐘を喚んで甕と作す」と。釣鐘《つりがね》と水甕《みずがめ》は見たところよく似ています。水甕を逆さまにすれば鐘のように見えますね。でも全然違うものです。水甕はいくら叩いても鐘のような音は出ません。ですから、これは「とんだ取り違えをしてしまっている」と言っているのです。この趙州和尚の答えは実に禅のすべてを現しているのだ、と。

これは大事です。私の如《ごと》き者ですら、他所へ講演なんかに行きますと「お鞄《かばん》をお持ちします」と言われることがあります。そう言われても、できるだけ断るようにしています。森信三先生が「自分の鞄は自分で持つように」ということを言われています。

私もお供の修行僧が荷物を持ってくれることもありますが、人を頼らないように、なるべく自分で持つようにしています。

鍵山秀三郎先生ではございませんけど、禅は凡事徹底《ぼんじてってい》です。些細なことを大事にします。皆さんも十分心がけていらっしゃるとは思いますけれども、たとえば、どこかに泊まるにしても私は自分の歯ブラシと歯磨き粉を持っていきます。ホテルでも旅館でも、たいがい歯ブラシも歯磨き粉も置いていますけれど自分のものを持っていきます。使わないからといって、その次の人にためにとっておいて使ってくれるのか、全部捨てられるのかわかりませんけれど、使えるからといって使うのではなくて、いつも自分のものを持っていきます。それからコロナ禍《か》ですから、控え室の飲み物も湯呑みも自前で持っていきます。

私らは大した修行でもございませんけれども、やはり凡事徹底、些細なことが大事だと思います。一つひとつに気をつけていくことが大事だと思います。

頌《じゅ》に曰《いわ》く、
只分明《ただふんみょう》に極《きわ》むるが為《ため》に、翻《かえ》って所得《しょとく》を遅《おそ》からしむ。早《はや》く知《し》る灯《ともしび》は是《こ》れ火《ひ》なることを。
飯熟《はんじゅく》すること已《すで》に多時《たじ》。

（《頌に曰く、》あまりにも明らかであったがために、かえって理解が遅くなってしまった。初めから分かっていたのなら、もうとっくにご飯が炊きあがっていただろうに）

なかなか味わいがある言葉ですね。「分明」は、「ぶんめい」と読まずに「ふんみょう」と読みます。「はっきりしている」ということです。「分明に極むる」あまりにもはっきりとしているがために、「翻って所得を遅からしむ」理解が遅くなってしまう、と。

ご飯を食べ終わったならば、その器をきれいに洗いなさいという、誰でも知っているような、あまりにも簡単な、あまりにもはっきりした答えだったので、そこに禅の真理があるとは気がつきにくいというわけです。しかし、禅の真理とは凡事徹底で、些細なところに表れているものなのです。

次に「早く知る灯は是れ火なることを」とあります。「早くから灯は火であるということがわかっていたならば」という意味です。これは「お粥を食べ終わったならば器をきれいに洗いなさいというようなところに禅の教えがしっかり込められていることがわかっていれば」ということを言っています。そうすれば、「飯熟すること已に多時」もうご飯はでき上がっていただろうに、と。つまり、些細なところに禅の修行があることに気がついていたならば、この修行僧も十分に修行ができ上がっていたであろうに、ということです。
これは大変に理解しやすくて、それでいてなかなか深い問題であろうかと思います。

●頭で考えるよりも体ごと突き当たれ――第二十則「大力量人」

今回はここまで「真実の自己を確立していく」という意味で、第二則の「百丈野狐」では「原因・結果はいいかげんにすることはできない」ということを学び、第七則の「趙州洗鉢」では「日常の些事、些細なことを疎かにしてはいけない」ということを学びました。そしてもう一つ、ここに申し上げたい問題がございます。それが第二十則「大力量人《だいりきりょうにん》」です。

無門関第二十則
大力量人《だいりきりょうにん》

松源《しょうげん》和《お》尚《しょう》曰《いわ》く、大力量人《だいりきりょうにん》、甚《なん》に因《よ》ってか脚《あし》を擡《もた》げ起《おこ》さざる。又云《またいわ》く、口《くち》を開《ひら》くこと舌頭上《ぜっとうじょう》に在《あ》らず。無門曰《むもんいわ》く、松源謂《しょうげんい》つべし、腸《はらわた》を傾《かたむ》け腹《はら》を倒《たお》すと。只是《ただこ》れ人《ひと》の承《じょう》当《とう》するを欠《か》く。縦饒《たとい》直下《じきげ》に承当《じょうとう》するも、正《まさ》に好《よ》し、無門《むもん》が処《ところ》に来《きた》らば痛棒《つうぼう》を喫《きっ》せんに。何が故《ゆえ》ぞ、聻《にい》。真金《しんきん》識《し》らんと要《よう》せば、火裏《かり》に看《み》よ。
頌《じゅ》に曰《いわ》く、
脚《あし》を擡《もた》げて踏翻《とうほん》す、香水海《こうすいかい》、頭《こうべ》を低《た》れて俯《ふ》して視《み》る四禅天《しぜんてん》。
一箇《いっこ》の渾身《こんしん》著《つ》くるに処《ところ》無《な》し、請《こ》う一句《いっく》を続《つ》げ。

では、一文ずつお話ししていくことにしましょう。

松《しょう》源《げん》和《お》尚《しょう》曰《いわ》く、大力量人《だいりきりょうにん》、甚《なん》に因《よ》ってか脚《あし》を擡《もた》げ起《おこ》さざる。又云《またいわ》く、口《くち》を開《ひら》くこと舌頭上《ぜっとうじょう》に在《あ》らず。
（《松源和尚が言った。》優れた力量を持つ人がどうして脚を持ち上げることができないのか。《また言うには》口を開いても、舌のうえにはない）

「大力量人」というのは、本当に優れた力量を持つ人、大きな力を持った人のことです。大きな力を持った人ですから、大きな荷物であろうと軽々と持ち上げることができます。そんな人ならば自分の脚を持ち上げるぐらいは造作もないはずですが、なぜ脚を持ち上げることができないのかと質問をしたわけです。

もう一つ、「口を開くこと舌頭上に在らず」とは、「喋《しゃべ》る」ということは「口を開く」ということです。「舌頭上に在らず」と。「喋るのに舌を使わない」という意味です。

皆さんの中には落語をお聞きになる方もたくさんおられると思います。今はこういう時代のお陰で昔の名人と言われた人たちの音源が残っていて、たとえば五代目古今《ここん》亭志《ていし》ん生《しょう》師匠とか三遊亭圓生《さんゆうていえんしょう》師匠の落語も聴くことができます。ただ、残念ながら明治の時代に名人と言われた三遊亭円朝《えんちょう》師匠の落語は録音機器がなかったので聴くことはできません。

この円朝の作った落語には「芝浜」とか「鰍沢《かじかざわ》」などたくさんあります。私は年に一回、東京・谷中《やなか》にある全生庵というお寺に法話に行っているのですが、そこに三遊亭円朝師匠の墓がございます。全生庵は明治維新のときの戊辰《ぼしん》戦争で敗れた多くの人たちを弔うために山岡鉄舟が建てたお寺です。その山岡鉄舟に縁のあったのが、三遊亭円朝でございました。

あるときに山岡鉄舟のところに三遊亭円朝が呼ばれました。鉄舟は自分が子どもの頃、母親が桃太郎の話をよくしてくれて、その話を聞くのが本当に嬉しくて楽しかったそうです。そこで鉄舟は円朝に「お前さん、噺家《はなしか》らしいから一つ桃太郎を聞かせてくれ」と頼みました。円朝さんは名人といわれる落語家ですから、わけもないと思って鉄舟の前で桃太郎の話をしました。けれども、鉄舟は「お前の桃太郎は死んでいる。家のおふくろが話してくれた桃太郎は桃太郎が生きていた」と言って喜ばないのです。

山岡鉄舟は明治天皇の侍従《じじゅう》までお務めしておられた地位も立場もある方で、しかも禅の修行をした剣の達人です。当時の名士でございます。そんな人に「お前の桃太郎はだめだ」と言われた円朝は、「じゃあ、どうしたらいいんですか」と聞きました。すると鉄舟は「舌をなくせ」と言いました。円朝が「舌をなくせって、それにはどうしたらいいんですか」と聞くと「無になって坐禅しろ」と言われたので、円朝は一生懸命坐禅をして、「喋ることは舌ではない」と悟りました。

そしてもう一度、鉄舟の前で桃太郎をやると、そこには実に桃太郎が生きていて、山岡鉄舟も大いに認め、円朝に「無舌居士《むぜっこじ》」という名前を授けたのです。ですから円朝のお墓には「無舌居士」と刻まれています。「口を開くこと舌頭上に在らず」という言葉からはそんな話を思い起こします。

無門《むもん》曰《いわ》く、松源《しょうげん》謂《い》つべし、腸《はらわた》を傾《かたむ》け腹《はら》を倒《たお》すと。只是《ただこ》れ人《ひと》の承当《じょうとう》するを欠《か》く。縦饒《たとい》直下《じきげ》に承当《じょうとう》するも、正《まさ》に好《よ》し、無門《むもん》が処《ところ》に来《きた》らば痛棒《つうぼう》を喫《きっ》せんに。何が故《ゆえ》ぞ、聻《にい》。真金《しんきん》識《し》らんと要《よう》せば、火裏《かり》に看《み》よ。

（《無門は言った。》松源は「内臓を傾けて腹をひっくり返した」と評することができる。ただ、それを受け取る人がいなかった。すぐさま受け取ろうとも、私のところに来てぶっ叩かれるがよい。《どうしてか、》本物の金であることを確かめるためには、火の中にいれて看なければならぬ）

無門慧開禅師が評を書いてくださっております。「松源謂つべし、腸を傾け腹を倒すと」。まず「松源和尚は内臓を傾けて腹をひっくり返すと評することができる」と言っています。「ただ、それを受け取る人がいない」と。「縦饒直下に承当するも、正に好し、無門が処に来らば痛棒を喫せんに」ということ。「直下」というのは「すぐに」ということ。すぐに受け取ろうとしても、私のところに来たならば棒でぶっ叩かれるがいいぞ、と。

次の「何が故ぞ、聻」の「聻」は、私が習った頃は「にい」と読んでいましたが、今日の中国の口語の表現では「聻」とは単なる疑問符と同じで、わざわざ読まなくていいのだと最近教わりました。つまり、これは「何が故ぞ？」と言っているのと同じで、「どうしてなのか？」という意味になります。

どうしてか？　それは「真金を識らんと要せば、火裏に看よ」だと。これは「金が本物であるかどうかを確かめるには、火の中に入れてみなければならない」ということです。

それが本物であるかどうかは火の中に入れてみなければならない。そこからその人物が本物であるか、その志が本物であるかどうかがわかる。つまり、逆境のときのように思うようにいかないときにこそ、本物かどうかがはっきりするものであると言っているのです。そのために、日ごろから「真金」本当の金であるように鍛えておかなければならないぞ、ということになるのでしょう。

頌《じゅ》に曰《いわ》く、
脚《あし》を擡《もた》げて踏翻《とうほん》す、香水海《こうすいかい》、頭《こうべ》を低《た》れて俯《ふ》して視《み》る四禅天《しぜんてん》。
一箇《いっこ》の渾身《こんしん》著《つ》くるに処《ところ》無《な》し、請《こ》う一句《いっく》を続《つ》げ。

《頌に曰く、》脚をあげては世界中の海をひっくり返し、頭を垂れては全世界を見下ろす。その

身体は、どこにも置き場がない……一句を続けてみなさい）

「香水海」というのは、仏教で説かれるところの、この世界の広い海を表現しています。脚を擡《もた》げてこの広い世界中の海を引っくり返す。それから「頭を低れて俯して視る四禅天」。「天」とは頭を仰いで見るものですけれども、もう天よりも高いところにいて、天を上から下へと見下ろしているようなものだ、というのです。

「一箇の渾身著くるに処無し」は「この一箇の体まるごと、どこにも置き場はないぞ」という意味です。「請う一句を続け」さあ、そのあと最後一句をどう言うか続けてみなさい、と。

こういう頌を無門慧開禅師は作っておられますが、さあ、この公案はいったい何を表しているのでしょうか。

大きな力量を持った人がどうして脚を持ち上げることができないのかと聞かれると、私たちは戸惑ってしまいます。でも、その戸惑いが間違いなのです。人間は大事なことがあれば、誰が何を言おうと突き進まなければならないという時があります。止まれと言われても、そこで止まってしまってはだめになる場合があります。ここは突き進まなければならないとわかっていることであれば、周りの百人の人が止めようとしても突き進まなければならないのです。

つまり、なぜ脚を持ち上げることができないのかという問いをわざと相手に投げかけて、それに戸惑ったならばだめだということを教えているのです。なんの戸惑いもなく、なんのためらいもなく、行くべきところには行くんだという覚悟を示さなければならない。それがこの問題です。

同様に、舌を使ってはいけないと言われて、じゃあ、どう言ったらいいのかと躊《ちゅう》躇《ちょ》していたのではだめなのです。言うべきことは誰がなんと言おうと、百万人が止めようと言わなければならない。そういうことを伝えているのが、この公案であるといってよろしいでしょう。

一休さんの有名な頓知《とんち》話で、「このはし渡るべからず」と書いてあるので、一休さんは端っこではなくて真ん中を渡っていったという話があります。端っこではなくて真ん中を渡ったという頓知の話だと見ればそうなのですが、我々の見方はちょっと違っています。「この橋渡るべからず」と言われて、そこで「はい、そうですか」と渡らないような奴はいつまでもだめだ。「渡るべからず」と言われても、それを突っ切って敢《あ》えて渡ってくるような者でないとものにはならないということを言うのです。

つまり、端っこでなく真ん中を渡ったというような頓知の話ではなくて、「渡るべからず」というところを敢えて突っ切って来るような者でなければ話はできないという意味で使うんです。ためらっているような者ではだめだということを言わんとしているのです。

でも、それが猪突猛進になってどうしようもなくなってしまうこともあるかもしれませんし、突っ切っていってそこで初めて道が開けるという場合もありましょう。どちらがいいかは頭であれこれ考えるよりも、実際その物事に自分の体まるごと体当たりしていくしかないのではないかなと思います。そんなことを言わんとしている問題です。

●悪を為す者は必ず堕ち、善を修める者は必ず陞る

本日読んできた教えから何を学ぶかといいますと、まず第一に因果というものは味すことはできないということです。

道元《どうげん》禅師のこんな言葉があります。

大凡因果の道理歴然として私なし、造悪の者は堕《お》ち修善の者は陞《のぼ》る、毫釐《ごうり》もたがはざるなり。

原因・結果の法則はどんなに修行しようとどんな立場になろうとはっきりしていて、そこに私情を挟むことはできない。どんな悟りを得ようと、どんなに長年修行しようと、どんな功績を立てようと、悪を為す者は必ず堕ちるし、善を修める者は必ず陞る。これはほんの僅《わず》かもたがうことはない、というのです。

すると、必ず質問が出ます。「そうは言いますが、あんなにいいことをやった人が病気になって大変な目に遭う場合もあれば、好き勝手に悪いことをやっている人がいつまでものさばっていることもある。それはどうしてですか」と聞かれます。しかし、それはどこかで「悪を為す者は必ず堕ちるし、善を修める者は必ず陞る」のです。それがいつ現れるかがわからないだけであって、どこかでそれは必ず現れるのだと道元禅師は言われています。

仏教の場合、人間というのは一代限りではないと考えます。だから、それは次の世代で現れることもあるのだ、と。生まれかわりとか死後の世界とか来世というとなかなか理解し難いかもしれませんけれども、自分の次の世代、孫子の代と考えることはできると思います。つまり、その人が為した悪の報いは、たとえその人の代で受けないとしても、子々孫々に及ぶということは必ずやあると思うのです。逆に善い種を播《ま》いておけば、それは今すぐ芽が出なくても次の世代に善い芽として出ることはあるでしょう。

私の知人である松本紹圭《しょうけい》さんが最近『グッド・アンセスター』という本を翻訳出版しました。「グッド・アンセスター」というのは、日本語に訳せば「よき先祖」という意味になります。先祖供養というと自分たちが亡き先祖を供養するという考えですけれど、自分たちも後の人から見れば先祖になるわけですから、自分たちも次の世代の人たちのために善き先祖となる生き方をしなければならないという概念を「グッド・アンセスター」というのだそうです。

次の世代のことを考えると、今播いた善い種は必ず善い実を結ぶでしょうし、今疎かなことをしていれば必ず次の世代にツケは回るでありましょう。

●毎回の食事に心を込めていただく

それからもう一つ、趙州和尚の洗鉢という問題から学ぶことは、食事は大切であるということです。食事を終えたならば自分の食器を洗うように、と。

「三代の礼楽、緇衣《しえ》の中《うち》に在り」という言葉がございます。これは中国の夏《か》・殷《いん》・周の三代の理想とされる礼楽、礼儀作法は禅宗の食作法《じきさほう》にあるという意味の言葉です。

そして、禅宗の食事に大切なことととして「五観文《ごかんもん》」というものがございます。

一つには、功の多少を計り彼《か》の来処《らいしょ》を量《はか》る。
二つには、己が徳行の全欠と付《はか》って供《く》に応ず。
三つには、心を防ぎ過貪等《とがとんとう》を離るるを宗《しゅう》とす。
四つには、正に良薬を事とするは形枯《ぎょうこ》を療《りょう》ぜんが為なり。
五つには、道行を成《じょう》ぜんが為にまさにこの食《じき》を受くべし。

というものです。こういう言葉を食事のときにいつも唱えるのですが、このままではわかりにくいので、次に現代語訳をして紹介させていただきます。

一つには、この食事が食膳に運ばれるまでに幾多の人々の労力と神仏の加護によることを思って感謝していただきます。
二つには、私どもの徳行の足らざるにこの食物をいただくことを過分に思います。
三つには、この食物に向かって貪《むさぼ》る心、厭《いと》う心を起こしません。
四つには、この食物は天地の生命を宿す良薬と心得ていただきます。
五つには、この食物は道行を成さんが為にいただくことを誓います。

これは食事をする作法であるとともに、作法の中にある食事をいただく心を表しています。

一つ目は、食物の一つひとつがいろんな人の手を経て、いろんな産地から多くの労力が費やされてもたらされていることへの感謝です。そんな天地の恵みをもたらしてくださる神仏の加護に感謝します、ということです。

二つ目は、こんなに苦労して運ばれてきた食事をいただくのに、私はそれに報いるだけの十分な行いができていない。だから、これを過分に思っていただくのだということです。

三つ目は、「これはおいしいからもっと欲しい」とか、逆に「これは嫌いだから食べたくない」というような選り好み、好き嫌いの心を起こしませんということです。

四つ目は、お薬をいただくような気持ちでいただきますということです。

五つ目は、我々であれば仏道の修行をするためにこの食事をいただく。皆様方であれば自分のなすべき務めを果たすためにこの食事をいただく。そういう気持ちで毎食いただいていくということです。

ですから禅の修行とは、単に「無になれ」「空っぽになれ」で終わりでは決してないのです。毎回毎回の食事にきちっと心を込めて、思いをいただしていただく。それも修行です。

●行くべきところへ行き、語るべきことを語る

それから「大力量」の問題で学びましたところは、「行くべきところへは迷わずに行く。語るべきことは心を込めて語る」ということです。無になるだけではなくて、行くべきところへは何を言われようと迷わずに行かなければなりませんし、語るべきことは舌先だけで語るのではなくして心を込めて語らなければならないのです。ただ単に黙っていればいいということではないということを、この「大力量」の問題は教えています。

真の自己を確立していくという意味においてよく使われる「一夜賢者の偈《げ》」というお釈迦様の言葉としても伝えられている古い偈がございます。これは禅の教えの根本になると言ってもいいと思います。増谷文雄先生の訳を参照させていただき、紹介いたします。

一夜賢者の偈《げ》

過ぎ去れるを追うことなかれ。
いまだ来らざるを念《おも》うことなかれ。
過去、そはすでに捨てられたり。

未来、そはいまだ到らざるなり。
されば、ただ現在するところのものを、
そのところにおいてよく観察すべし。
揺ぐことなく、動ずることなく、
そを見きわめ、そを実践すべし。

ただ今日まさに作すべきことを熱心になせ。
たれか明日死のあることを知らんや。
まことに、かの死の大軍と、
遇《あ》わずというは、あることなし。

よくかくのごとく見きわめたるものは、
心をこめ、昼夜おこたることなく実践せよ。
かくのごときを、一夜賢者といい、
また、心しずまれる者とはいうなり。

（増谷文雄『仏陀のことば』角川選書）

無になる、そこからもう一度新しく真実の自己を打ち立てて生きていく。そのときに、過ぎ去れるを追わず、いまだ来たらざるを憂えず、ただ現在なすべきところのものをなしていく。「ただ今日まさに作すべきことを熱心になせ」ということが大事なのです。単に無になろうというよりも、今日なすべきことを今日熱心になしていくところにこそ無の道が切り開かれていくのだということができようかと思うのです。

●悪しきをなさず、善きことを行う

真の自己を確立していくという上において、もう一つ申し上げておきたいのが「七仏通誡偈《つうかいげ》」というものです。これは毘婆尸仏、尸棄仏、毘舎浮仏、倶留孫仏、倶那含牟尼仏、迦葉仏、釈迦牟尼仏という七人の仏様方が共通して説かれた教えであると言われております。

七仏通誡偈《つうかいげ》
諸悪莫作《しょあくまくさ》　もろもろの悪しきをなさず、
衆善奉行《しゅぜんぶぎょう》　もろもろの善きを行なう、
自浄其意《じじょうごい》　おのれの心を浄《きよ》くす、
是諸仏教《ぜしょ》　これ諸仏の教えなり。

〈ダンマパダ・183〉

これも繰り返しになりますが、空になる、無になるというところに止まるのではなくて、この現実の生身の体をもってこの世に生まれてきて生きるからには、「もろもろの悪しきをなさず」「もろもろの善きを行なう」「おのれの心を浄くす」ということの三つが大事なのです。特に仏教の場合は「おのれの心を浄くす」ということを説きます。具体的には、貪《むさぼ》りや怒りの心、愚かさ、思慮不足といったものを克服していかなければならないと説くのです。

悪とはなんであるか、善とはなんであるかというと、これは時代において様々です。私が尊敬する松居桃樓《まついとうる》先生は『天台小止観《てんだいしょうしかん》』という書物の講話の中で次のように説かれております。

一粒でも播くまい、ほほえめなくなる種は
どんなに小さくても、大事に育てよう、ほほえみの芽は
この二つさえ、絶え間なく実行してゆくならば、人間が生まれながらに持っている、
いつでも、どこでも、なにものにも、ほほえむ心が輝きだす。
人生で、一ばん大切なことのすべてが、この言葉の中に含まれている——
（松居桃樓『微笑む禅——生きる奥義をたずねて』潮文社）

松居先生は、悪いこととは「ほほえめなくなる種」のことであると言われるのです。そして、究極の人格の完成・理想の人間像というものは、いつでも、どこでも、誰に対しても、ほほえむことのできる人になることであるというふうに定義されました。これは素晴らしいと思います。ですから、どんなに小さなことでも、ほほえめなくなるようなことはしないようにしよう。ほほえみの種を生み出すようなことをしていくようにしよう。これが松居先生の説かれる善悪の価値判断の基準なのです。

しかし、それだけでは大雑把ですので、仏教には「十善戒」というものがございます。これはどんな時代においても、いつ読んでも、あるいはどんな状況にあっても、真理であろうと思います。

十善戒
第一不殺生《ふせっしょう》　すべてのものを慈しみ、はぐくみ育て
第二不偸盗《ふちゅうとう》　人のものを奪わず、壊さず
第三不邪婬《ふじゃいん》　すべての尊さを侵さず、男女の道を乱すことなく
第四不妄語《ふもうご》　偽りを語らず、才知や徳を騙《たばか》ることなく
第五不綺語《ふきご》　誠無く言葉を飾り立てて、人に諂《へつら》い迷わさず
第六不悪口《ふあっく》　人を見下し、驕《おご》りて悪口や陰口を言うことなく
第七不両舌《ふりょうぜつ》　筋の通らぬことを言って親しき仲を乱さず
第八不慳貪《ふけんどん》　仏のみこころを忘れ、貪りの心にふけらず
第九不瞋恚《ふしんに》　不都合なるをよく耐え忍び怒りを露《あら》わにせず
第十不邪見《ふじゃけん》　すべては変化する理《ことわり》を知り心を正しく調《ととの》えん

一番目は「不殺生」。これは、命あるものをむやみに殺してしまうことはしないようにということです。人間は完全に命あるものを奪わずには生きられません。でも、

むやみに殺すことはしないように。「すべてのものを慈しみ、はぐくみ育てる」ようにという思いを持たなくてはいけません。

二番目は「不偸盗」。これは「人のものを奪わず、壊さず」ということ。少しぐらいはいいだろうということはありません。

第三番目は「不邪婬」。これは「すべての尊さを侵さず、男女の道を乱すことなく」ということです。いくら無になったから、いくら修行したから、いくら悟りを開いたからといって、何をしてもいいというようなことではありません。

第四番目は「不妄語」。これは「偽りを語らず、才知や徳を騙ることなく」ということ。いいかげんなことを口にしないようにするということです。

第五番目は「不綺語」。「綺語」とは言葉を飾り立てること、「誠無く言葉を飾り立てて、人に諂い迷わさす」ことです。そういうことも世の中にはありがちですが、なるだけ控えるようにするということを言っています。

第六番目は「不悪口」。これは悪口を言わない。「人を見下し、驕りて悪口や陰口を言うことなく」ということです。

第七番目は「不両舌」。「両舌」というのは、いわゆる二枚舌のことです。「筋の通らぬことを言って親しき仲を乱さず」ということが大事です。

第八番目は「不慳貪」。これは貪らないということ。「仏のみこころを忘れ、貪りの心にふけらず」ということです。

第九番目は、「不瞋恚」。「不都合なるをよく耐え忍び怒りを露わにせず」ということ。これは私もいつも唱えています。世の中には不都合なることがたくさんあります。それは無くなりません。しかし、それを耐え忍び怒りを露わにしないようにしなくてはいけません。

第十番目は「不邪見」。「すべては変化する理を知り心を正しく調えん」と。これもその通りでしょう。我々は変化を嫌いますけれども、すべては変化します。これは今の時代もそうです。今の状況も数か月もすれば変わっていくでしょう。それを知って、心を正しく調えることが大事です。

●自分を苦しめず、他人を害しない言葉のみを語る

この十善戒を眺めてみますと、「不妄語」「不綺語」「不悪口」「不両舌」と、言葉に

関する戒が四つも入っていますす。人間は言葉というものを持って生まれてきましたから、便利でよく使うんです。言うべきことは言うということを先に申し上げましたけれども、いくら言うべきことは言うといいましても、やはり人を傷つけるようなことは言わないようにしなければいけません。

これについて、お釈迦様の言葉を一つ紹介いたしましょう。

人が生まれたときには、実に口の中には斧が生じている。愚者は悪口を言って、その斧によって自分を斬り割《さ》くのである。（岩波文庫『ブッダのことば』スッタニパータ六五七）

自分を苦しめず、また他人を害しないことばのみを語れ。これこそ実に善く説かれたことばなのである。（岩波文庫『ブッダのことば』スッタニパータ四五一）

「人が生まれたときには、実に口の中には斧が生じている」。斧ですよ。カッターナイフどころじゃありません。悪口を言うことは、その斧で自分を斬り割くのと等しいのだとお釈迦様は言われるのです。だから、「自分を苦しめず、また他人を害しないことばのみを語れ」と。今は誹謗《ひぼう》中傷の多い時代ですけれども、いくら無になろうと、いくら修行しようと、どんな立場になろうと、どんな地位を築こうと、自分を苦しめず、他人を害しない言葉のみを語るようにしなくてはいけません。

そして心の上においては次のようでありなさいと、お釈迦様は言われています。

あたかも、母が己《おの》が独り子を命を賭けても護《まも》るように、そのように一切の生きとし生けるものどもに対しても、無量の（慈《いつく》しみ）の心を起すべし。

（岩波文庫『ブッダのことば』スッタニパータ一四九）

こういう気持ちを失ってはならないとこう思うのでございます。

このように、単に無になるとか空になるというようなところに禅は安住するものではないのです。真の自己を確立していくためには、慈しみの思いを常に抱いて、人を傷つけたりしないように心がけて、この現実を生きてゆくのであります。

第三講

主体性を持つ

●仏教は絶対者の存在を否定している

最初に前回の講義についてご質問をいただきましたので、簡単にお答えさせていただきます。

まず「因果の理法の存在があると考えると、その理法を動かしている何か、村上和雄先生が言われたサムシング・グレートが存在しているのでしょうか。また因果の理法は宇宙の哲理、法と同じものと理解してもよいでしょうか」というご質問をいただいています。

確かに因果というのが仏教の一番の基本ですけれども、仏教も幅広いのでサムシング・グレートというものをどういうふうに捉えるかが大変に難しいと思います。何か一個の人格を持つような絶対者がいて世の中を動かしているという考えは、仏教ではいたしません。

お釈迦様以前のインドのバラモン教では梵《ぼん》・ブラフマンという宇宙を支配している絶対神がいて、それがすべてを支配しているというふうに説きました。そして、絶対神が人間に身分差別をつくりました。上からバラモン（司祭）・クシャトリヤ（戦士・王族）・バイシャ（庶民）・シュードラ（奴隷）という四つの階級をつくって身分差別をしたわけです。

それに対してお釈迦様は、そんな絶対者がいてこの世の中を動かしているのではないと説きました。世の中を動かしているのはお互いの原因と結果という因果の法則だけで、各人が善い行為を為せば善い結果が生まれ、悪い行いをすれば悪い報いを受ける。そういう因果の法則だけがあるのだというのがお釈迦様の立場でした。

この因果の法則とは、主宰者があって我々を操り人形のようにして動かしていくのでなくて、「互いがこの行いをすればこういう結果がある」という原因・結果の法則のみがこの世を保っているというものです。この法則自体が私たちの人智を超えた素晴らしい偉大なものだという意味で、それをサムシング・グレートと呼ぶというのはあり得ると思いますけれども、絶対神のような特別な存在がいて、それがすべてを動かしていくという考えは仏教にはないのです。その点は大変合理的だと思うのであります。

●明確な意志と工夫の意欲が自己を磨いていく

次の質問へ行きます。前回、百丈《ひゃくじょう》和尚の横面《よこつら》をお弟子の黄檗《おうばく》禅師がピシャっと張り倒す場面がございました。「飲み会の席で無礼講という言葉を信じて失態をおかす輩《やから》がたくさんいますけれども、これはそのようなものなのですか」というご質問ですけれども、無礼講で失態をおかすというのとはだいぶ次元が違います。たとえて言うなら、相撲部屋で親方が弟子に稽古をつけるときに、弟子のほうが全力でぶつかっていって親方を投げ飛ばしてしまうようなことでしょう。

親方はそれを怒ったりはしません。ああ、こんなに力がついたのかといって喜んでいる。そういう感じでしょう。お互いに共通の土俵の上で相撲をとっているんだ、ぶつかり合っているんだというお互いが信頼し合っている基盤があって、師匠と弟子が全力でぶつかり合う。そして弟子のほうが思い切った力を出して、時に師匠のほうが転んでしまった。そうすると、お師匠さんは「おお、そうかそうか」と喜ぶ気持ちでしょう。

百丈もそうだったのでしょう。叩かれて笑ったといいますから、「お前はいつの間にこんな力をつけたのか」という気持ちだったのだと思います。

「禅の修行と凡事徹底の関係に興味を持ちました」という方もおられました。凡事を一つひとつ徹底していくということ、限られた条件の中で規律を守って正しく行動することは可能です。それに関して「時間や場所の制限下で正しく振る舞うことは、己を磨いていることになりますでしょうか」というご質問もございました。これは大変に難しいですね。ただ決められたことを決められた通りに行っているだけでは己を磨くことにはならない、とお釈迦様は言っています。そこにちゃんと明確な意志と工夫をしようという思いや意欲がなければいけません。それをお釈迦様はこういう喩《たと》えで説いています。

昔は脱穀をするときに臼《うす》で搗《つ》きました。そのときに牛をぐるぐる回らせて、その回転のエネルギーを上下のエネルギーに変えて臼を搗かせました。しかし、牛はなんのために自分がぐるぐる回らされているかわかりません。ただ与えられた時間、与えられたところをぐるぐると歩かされる。お釈迦様は、修行というのはそのような在り方ではだめだと言ったわけですね。そこに自覚がなければいけない。自分が今やっていることが何になるのかという自覚があるから意義を感じて、どうすればもっと良くできるのかという工夫の気持ちが出てくる。これが己自身を磨いていくことになるのです。

しかし、これはなかなか難しいことです。私なども毎日やっていることは同じですから、無意識にボヤっとしながらでも掃除をしてしまいます。そういう掃除の仕方をすると、どうしてもアラが出てきます。ですから、毎日同じことをやっていながらも、そこに意味を見出して工夫をするということがないと、己を磨くということには通じないと思うのです。

牛が臼の周りをぐるぐる歩くように、与えられた時間、与えられた場所でただ決められたことだけをしていると、それは惰性になってしまい、己を磨いて向上するということにはつながらないと思います。

●すべてのものは一つにつながっている――第三則「倶胝竪指」

それでは今日の講義に入っていきましょう。今回は主人公となる生き方ということで、今日はその一番の中核となります「主人公」という問題について、皆さんと一緒に学んでまいりたいと思います。

では、最初にこの本文を読んでみます。

無門関第三則
倶胝《ぐてい》竪指《じゅし》

倶胝和尚《ぐていおしょう》、凡《およ》そ詰問《きつもん》有《あ》れば、唯一指《ただいっし》を挙《こ》す。後《のち》に童子《どうじ》有《あ》り。因《ちな》みに外人《げにん》問《と》う、和尚《おしょう》何《なん》の法要《ほうよう》をか説《と》くと。童子《どうじ》も亦《また》指頭《しとう》を竪《た》つ。胝《てい》聞《き》いて、遂《つい》に刃《やいば》を以《もっ》て其《そ》の指《ゆび》を断《た》つ。童子《どうじ》負痛号哭《ふつうごうこく》して去《さ》る。胝《てい》復《ま》た之《これ》を召《め》す。童子《どうじ》首《こうべ》を迴《めぐ》らす。胝《てい》却《かえ》って指《ゆび》を竪起《じゅき》す。童子《どうじ》忽然《こつねん》として領悟《りょうご》す。胝《てい》将《まさ》に順世《じゅんせ》せんとして、衆《しゅ》に謂《い》って曰《いわ》く、吾天龍一指頭《われてんりゅういっしとう》の禅《ぜん》を得《え》て、一生受用不尽《いっしょうじゅゆうふじん》と。言《い》い訖《おわ》って滅《めつ》を示《しめ》す。
無門曰《むもんいわ》く、倶胝並《ぐていなら》びに童子《どうじ》の悟処《ごしょ》、指頭上《しとうじょう》に在《あ》らず。若《も》し者裏《しゃり》に向《む》かって見得《けんとく》せば、天龍同《てんりゅうおな》じく倶胝《ぐてい》、並《なら》びに童子《どうじ》と自己《じこ》と一串《いっかん》に穿却《せんきゃく》せん。
頌《じゅ》に曰《いわ》く、

倶胝《ぐてい》鈍置《どんち》す老天龍《ろうてんりゅう》。利刃単提《りじんたんてい》して小童《しょうどう》を勘《かん》す。巨霊手《これいて》を擡《もた》ぐるに多子《たし》無し。分破《ぶんぱ》す華山《かざん》の千万重《せんまんじゅう》。

　では、一つひとつ解説してまいりましょう。ここは問題の前提となる話が伝わっています。『景徳傳燈録《けいとくでんとうろく》』の巻十一にある次のような話です。

「倶胝が庵《いおり》に住していたところ、ひとりの尼僧がやってきた。
手に錫杖《しゃくじょう》を持ち、倶胝の周りを三度回ると、「一句言うことができれば笠《かさ》をとりましょう」と三度いう。
倶胝はそれにこたえられなかった。その十日後にやってきた天龍和尚に教えを請うたところ、天龍は指一本たててみせた。
これにより倶胝は大悟したという」

（『景徳傳燈録』巻十一）

　ここに出てくる倶胝和尚や天龍和尚といった人物は生没年がはっきりしません。わかっているのは唐の時代の禅僧であるということぐらいで、どのような経歴かもはっきりしません。

倶胝和尚というのはあだ名です。「倶胝陀羅尼《だらに》」という陀羅尼をいつも唱えていたため、倶胝陀羅尼を唱えている和尚ということで倶胝和尚と呼ばれていたそうです。毎日一生懸命倶胝陀羅尼を唱えていた真面目な和尚さんでございます。

その倶胝和尚の住んでいた庵に一人の尼さんがやってきました。禅宗の語録の中では、尼さんとか、お婆さんがよく出てきます。「婆子」と書いて「ばす」と読みますが、それは別にお婆さんの子どもという意味ではありません。「童子」というのも、別に童に子どもがいるわけではなくて、これは「わらべ」という意味です。

漢字の場合は一文字だと安定が悪いというので、意味がないけれども一文字つけるんですね。『無門関』の最初の趙州《じょうしゅう》狗子《くす》というのも、狗《いぬ》の子ではなくて狗です。狗とは犬のことですけれども、「狗」の一字だけでは収まりが悪いので「子」をつけて「狗子」とします。「婆子」も同じで、お婆さんの子どもではなくてお婆さんという意味です。

禅の語録に出てくる尼さんやお婆さんというのは、だいたい男性の和尚も顔負けの修行ができていて、力量があり、悟りを開いているという方たちです。この尼さんもそうです。

そんな一人の尼さんがやって来ました。手に錫杖という杖を持って、倶胝和尚の周りをぐるぐる三遍回りました。そこで倶胝和尚が「せっかく自分の庵に来たのだから、まず笠でもとったらどうだ」と言います。これは礼儀作法ですね。私どもでも、托鉢するようなときは網代《あじろ》笠という笠を被りますけれども、誰かに挨拶するときには必ず笠をとります。それから神社仏閣の前を通るときも笠をとって頭を下げて通ります。この笠をとるというのは、世間で帽子をとるのと一緒で、礼儀でございます。

ところが、この尼さんはわざと笠を被ったまま和尚の周りをぐるぐると三回回りました。なんとも無礼千万です。相手を試そうとしているのでしょう。

そこで、倶胝和尚は「まあ尼さんよ。庵に来たのだから笠をとりたまえ」と言ったわけです。この時代の禅寺の建物の床は土間でしたから、靴を脱いだり草履を脱いだりすることはありません。土間の上に台を置いて、そこで坐禅をするという形態でした。ですから草履は履いたままというのはいいんです。ただ、やはり庵の中に入ったならば笠をとって名乗り、ご挨拶をするというのは礼儀です。

ところが、この尼さんが何もしないものですから、和尚が「笠をとりたまえ」と言ったのです。すると尼さんは、「一句言うことができれば笠をとりましょう」と。それは何かというと、「禅とは何か、仏法とは何か、私に納得のいく一句を言うことができたならば笠をとりましょう。そうでなければ笠をとりません」ということです。

しかし、そう言われて倶胝和尚は咄嗟《とっさ》に答えることができませんでした。そこでこの尼さんは、これでは相手にならぬとばかりに、去って行ったのでした。そのことに愕然《がくぜん》として「もう一度修行の旅に出よう」と考えたほどだったのですが、そのときに夢のお告げがありました。「ここにいれば立派なお坊さんが来てくれるから、わざわざよそに行くには及ばない」という夢を見たんです。

案の定、十日後に天龍和尚という方がやってきました。そこで倶胝和尚は天龍和尚に今までの経緯を話しました。かくかくしかじか、尼さんが来て何か一句言うことができれば笠をとりましょうと言われたけれども、私は何も言うことができませんでした、と。そして「禅とはどのようなものでしょうか、仏法とはどういうものでしょうか。仏教の一番肝心な教えはなんでございましょうか」と聞きました。そこで天龍和尚は指を一本立てて見せました。人差し指でしょう。それを見て、倶胝和尚はハッと悟ったというんですね。

この話が今日の問題の前提にございます。それでは一文ずつ読んでいきましょう。

倶胝《ぐてい》和尚《おしょう》、凡《およ》そ詰問《きつもん》有《あ》れば、唯《ただ》一指《いっし》を挙《こ》す。後《のち》に童子《どうじ》有《あ》り。因《ちな》みに外人《げにん》問《と》う、和尚《おしょう》何《なん》の法要《ほうよう》をか説《と》くと。童子《どうじ》も亦《また》指頭《しとう》を竪《た》つ。

（倶胝は質問があれば、いつも指を一本たてるのみであった。ある時ひとりの童子が、外からやってきた人に倶胝の教えを尋ねられ、同様に指をたててみせた）

　こういう体験をしてからというもの、倶胝和尚は修行僧が何を質問しても、いつも指を一本立てるのみであったと。中国の唐の時代のお坊さん方にはこういう方が結構おられます。臨済禅師などは何を言われても「喝《かつ》」と一喝をするし、徳山和尚という人は何を言われても棒で叩きました。また、打地和尚という方がおられましたが、この和尚は文字通り、修行僧が何を聞いても棒で地面をコツンと叩くだけでした。唐の時代にはそういう個性的なお坊さんが大勢いらっしゃいました。

　倶胝和尚は何を聞かれても指一本パッと立てる。すると、「門前の小僧、習わぬ経を読む」というように、倶胝和尚のお傍にお仕えをしていた見習いの小僧が真似をしたわけですね。外からやって来た人から「あんたのところの和尚は普段どういう教えを説いているのかね」と聞かれて、得意そうに「うちの和尚はいつもこれです」と言ってパッと指を一本立てたのです。小僧にはこの指がいったい何を意味しているのかはわからないのですが、「うちの和尚さんは誰がやって来てもパッと指を立てる」というので真似をしたんですね。

胝《てい》聞《き》いて、遂《つい》に刃《やいば》を以《もっ》て其《そ》の指《ゆび》を断《た》つ。童子《どうじ》負《ふ》痛号哭《つうごうこく》して去《さ》る。胝《てい》復《ま》た之《これ》を召《め》す。童《どう》子首《じこうべ》を迴《めぐ》らす。胝却《ていかえ》って指《ゆび》を竪起《じゅき》す。童子忽然《どうじこつねん》として領悟《りょうご》す。

（それを聞いた倶胝は童子の指を刀で切り落としてしまった。童子が泣きさけんで立ち去ろうとしたとき、倶胝はその名前を呼んだ。童子が振りかえると、倶胝は指をたててみせた。そこで童子は悟った）

その話がお師匠さんの耳に入りました。そして、ひどい話ですけど、倶胝は童子の指を刀で切り落としてしまった、というのです。童子は泣き叫んで立ち去ろうとしました。それはそうでしょうね、指を切られてしまったんですから。

そのときに倶胝がその子を呼びました。「おい、小僧よ、ちょっと待て」。その声に童子が振り返ったところに倶胝がパッと指を立てました。そこでこの童子も悟った、と。これは非常に禅問答らしい話です。

胝将《ていまさ》に順世《じゅんせ》せんとして、衆《しゅ》に謂《い》って曰《いわ》く、吾天龍一指頭《われてんりゅういっしとう》の禅《ぜん》を得《え》て、一生受用不《いっしょうじゅゆうふ》尽《じん》と。言い訖《おわ》って滅《めつ》を示《しめ》す。

（倶胝は死に臨み修行僧たちに次のように言った。「私は天龍の一指の禅を得た。一生それを使ったが、使い切ることができなかった」）

この「胝将に順世せんとして」とは、「倶胝が亡くなるときにあたって」ということです。皆にこういうことを言いました。「吾天龍一指頭の禅を得て、一生受用不尽と」。この「受用」は「じゅよう」と読んでもいいのでしょうけれども、私どもは読み癖で「じゅゆう」と読みます。倶胝和尚は「私は天龍和尚からこの一指の禅を得て一生それを使ったが使い切ることができなかった」と言いました。そして、言い終わって亡くなったというのです。

●一滴の水の教えを心に刻みつけた滴水和尚

これは中国の唐の時代の話ですけれども、そういう教えが脈々と何百年も、いや千年以上も伝えられていきます。明治の時代、天龍寺に滴水《てきすい》禅師という禅僧がいました。

山岡鉄舟が一所懸命参禅したお師匠さんがこの滴水禅師です。この方の遺偈《ゆいげ》、亡くなるときの辞世の句があります。

曹源《そうげん》一滴
七十七年
受用不尽《じゅゆうふじん》
蓋地蓋天《がいちがいてん》

というものですけれど、これも今の倶胝和尚の言葉がもとになっています。天龍寺は寺の名前ですけれども、いみじくも倶胝和尚が教えを受けたのは天龍和尚でございました。

滴水禅師は岡山の曹源寺という寺で修行をしました。そのときの話ですけれど、お師匠さんがお風呂に入るときにちょっと熱いというので湯加減の調整をするために手桶に水を汲んでうめました。そのときに桶に少し残っていた水をなんの気なしにパッと捨ててしまいました。それを見たお師匠さんは「一滴の水を疎《おろそ》かにするとは何事であるか。一滴の水を生かして使うことができなければどうするのか」と、大変厳しくお叱りになりました。

それで、「この一滴の水の教えを生涯忘れないぞ」ということで、自分の名前を「滴水」にしたのです。そして、亡くなるときにこの漢詩を残しました。「曹源」とは修行をした曹源寺のことです。あの曹源寺で一滴の水も疎かにするなと教わった。その一滴の水の教えを七十七年間、自分は使っても使い切れなかった。「蓋地蓋天」は「天を蓋《おお》い地を蓋う」ということですから、その一滴の水はこの天地いっぱいに満ちあふれているぞ、という意味になります。

たった一滴の水を生涯使い尽くすことができなかった。その一滴の水というのは小さなもののように見えるけれども、この天と地を覆い尽くすような大いなるものであるという漢詩です。

この天龍寺の滴水禅師には西田幾多郎《きたろう》も縁があるんです。西田幾多郎哲学記念館に行ったときに、滴水禅師が西田幾多郎に送った書簡を拝見して感動しました。西田幾多郎先生が天龍寺の滴水禅師に質問状を出したことに対する返信です。素晴らしい書です。

滴水禅師書簡（西田幾多郎宛て）

古徳曰
我無語句一法無与人
**　無**
老僧此外更教示なし
已来筆談御免
二月四日　滴水
西田雅生

「古徳曰く、我に語句無し一法の人に与うる無し」と読みます。私には誰か人に与えるような教えは何も無い。「無」だと。「老僧此外更教示なし」の「老僧」は滴水禅師ご自身のことです。私にはこれ以外に何も教えることはない、と言っています。「已来筆談御免」。「これ以降、手紙を寄越すな」というのです。

まだ学生であった若き日の西田幾多郎に、滴水禅師はこういう立派な手紙を書いて送ったのです。その若き日にもらった手紙を西田幾多郎先生もずっと取っていたんですね。

一滴の水の教えによって滴水禅師は明治の時代を代表する禅僧の一人となっていったのです。

●指一本で修行僧の迷いをぶった切った倶胝和尚

無門曰《むもんいわ》く、倶胝並《ぐていなら》びに童子《どうじ》の悟処《ごしょ》、指頭上《しとうじょう》に在《あ》らず。若《も》し者裏《しゃり》に向《む》かって見得《けんとく》せば、天龍同《てんりゅうおな》じく倶胝《ぐてい》、並《なら》びに童子《どうじ》と自己《じこ》と一串《いっかん》に穿却《せんきゃく》せん。

〈《無門は言った。》倶胝と童子が悟ったところは指にあったのではない。もしここで看てとることができれば、天龍・倶胝・童子がみな自分自身と串刺しになっていることが分かるだろう〉

この問題について無門慧開禅師はこのように評を書いています。

まず「倶胝と童子が悟ったところは指にあったのではない」と。だから、指をいくら真似してもだめなのです。指を斬ったというのは、実際にあったかどうかはわかりませんが、指にとらわれてはいけないことを表しています。「もしここで看てとることができれば、天龍和尚も、倶胝和尚も、この童子も、みな自分自身と串刺しになっている」というのは、一つの真実がそこに貫かれているということがわかるであろうということでしょう。

頌《じゅ》に曰《いわ》く、
倶胝《ぐてい》鈍置《どんち》す老天龍《ろうてんりゅう》。利刃単提《りじんたんてい》して小童《しょうどう》を勘《かん》す。巨霊《これい》手を擡《もた》ぐるに多子《たし》無し。分破《ぶんぱ》す華山《かざん》の千万重《せんまんじゅう》。

（《頌に曰く、》倶胝は老天龍を蔑《ないがし》ろにし、鋭い刃を一本ひっさげて童子の境界を確かめた。巨霊が手を持ち上げるのに何ら面倒なことはない。千万重もの華山を分破した）

「鈍置す」とは「馬鹿にする、蔑ろにする」という意味です。「倶胝は天龍和尚を蔑ろにした」というのですが、こういう表現は禅の語録でよく出てきます。相手をけなしているようで内心は褒め称えているという表現です。ここもそうで、「蔑ろにした」と言いながら、内心は天龍和尚の教えを正しくよく受け継いでいると褒めているのです。
「鋭い刃を一本ひっさげて童子の境界を確かめた」とは、一本の指で童子はもちろんのことあらゆる修行僧たちの迷いを断ち切った様子を表しています。それを最後に「巨霊手を擡ぐるに多子無し。分破す華山の千万重」という詩に謳《うた》いました。「巨霊神という神様が手を持ち上げるのになんら面倒なことはない。なんということなく手を持ち上げて、華山という山を真っ二つにぶった切った」と。

この「巨霊」というのは中国の古い故事・神話に出てくる黄河の神で、巨大な一つの山を華山と岳山の二つに引き裂き、その間に河流を通したといわれています。華山は今も中国陝西《せんせい》省華陰《かいん》市にある山で、中国五名山の一つとして西岳とも呼ばれているそうです。今は二つになっている山なのでしょうけれども、昔は一つであった。その山を巨霊神という大きな神様が手で持ち上げて二つに裂いたという神話があるのです。

その巨霊神のように、倶胝和尚は指一本をパッと立てることによってこの童子をはじめ修行僧たちの迷いを皆ぶった切ったということを言い表しているのです。「巨霊手を擡ぐるに多子無し。分破す華山の千万重」。この公案を見事に謳《うた》っています。

●禅・仏教の教えの前提にあった『荘子』の思想

こういう禅や仏教の教えは中国人にとって非常に受け入れやすかったとよく言われております。仏教は紀元前後ぐらいにインドから中国に伝わります。仏教の思想は空の思想が説かれていたりして大変に難しいものなのですが、中国にはもともと道教、老子や荘子の教えというものがあったために仏教を受け入れやすかったというふうに言われています。

たとえば『荘子』の斉物論にこういう言葉があります。

天地一指
万物一馬

この言葉は、この世に存在するものは個々の違いを越えて皆一つであるという考えから、「すべての対立を超えた絶対的な観点からみれば、天も地も一本の指と同じものである」ということを意味しています。

先ほどの滴水禅師の話にも、一滴の水がこの天地をすべて覆い尽くすほどのものであるという言葉がありました。それと同じように、ふっと指を立てたこの一本が天地万物一切を表しているということができるのではないかと思います。

天龍和尚や倶胝和尚がどの程度この『荘子』を読んでいたのか。そして『荘子』という書物からどの程度の影響を受けたのか。これは文献等々の他の資料がありませんので何も確証がないのですけれども、その時代のお坊さんたちやある程度の知識がある人であれば、老荘思想を学んでいたと思います。それを理解していたということが、禅や仏教を受け入れていく土台となっていたことは確かだろうと思います。

よく禅の語録で「天地と我と同根、万物と我とは一体である」ということを言います。坐禅をすると天地と我と同根である、と気づきます。同根というのは同じ根っこであるということです。たとえば竹などは、いろんなところから生えてきますけれども、みんな根っこは同じです。そのように、自己それから天地万物はみんな根底ではつながっているのだから、「万物と我とは一体である」ということになるわけです。『荘子』を見ると「天地と我と並び生じて、万物と我と一たり」という言葉があります。『荘子』は紀元前四世紀ぐらいに成立した大変に古いものですから、こちらが先です。仏教では「諸法無我」ということを言いますけれども、それを『荘子』の言葉で言えば、自我という独立したものは存在せず、ただすべてがこの天地の大きな働きの現象として現れているということになるのでしょう。

こうした『荘子』の「天地と我とが一体である」というような考え方があったこと

が「独立したものは存在しない」という空の思想の理解につながっていったということができるように思います。
天龍和尚や倶胝和尚は「天地一指　万物一馬」であることを指一本で示しました。そして、それを生涯貫き通していきました。そんな話が禅の世界で『無門関』という書物に取り上げられています。天龍和尚も倶胝和尚もいつどこで生まれたかもわからない方たちですけれども、この話だけがずっと伝えられていって明治の時代の滴水禅師にも受け継がれて「一滴の教え」となるのです。

●よりどころとするべき主人公は自分の中にある――第十二則「巌喚主人」

ではここでもう一つ、主人公の問題を見てまいりましょう。最初に本文を読みます。

無門関第十二則
巌喚主人《がんかんしゅじん》

瑞巌《ずいがん》の彦和尚《げんおしょう》、毎日自《まいにちみずか》ら主人公《しゅじんこう》と喚《よ》び、復《ま》た自《みずか》ら応諾《おうだく》す。

乃《すなわ》ち云《いわ》く、惺々著《せいせいじゃく》、喏《だく》。他時異日《たじいじつ》、人《ひと》の瞞《まん》を受《う》くること莫《なか》れ、喏々《だくだく》と。

無門曰《むもんいわ》く、瑞巌老子自《ずいがんろうしみずか》ら買《か》い自《みずか》ら売《う》り、許多《そこばく》の神頭鬼面《じんづきめん》を弄出《ろうしゅつ》す。何《なに》が故《ゆえ》ぞ、聻《にい》。

一箇《いっこ》は喚《よ》ぶ底《てい》、一箇《いっこ》は応《おう》ずる底《てい》、一箇《いっこ》は惺々底《せいせいてい》、一箇《いっこ》は人《ひと》の瞞《まん》を受《う》けざる底《てい》。認著《にんじゃく》すれば依前《いぜん》として還《かえ》って不是《ふぜ》。若《も》し也《ま》た他《た》に倣《なら》わば、総《そう》に是《こ》れ野狐《やこ》の見解《けんげ》ならん。

頌《じゅ》に曰く、
学道《がくどう》の人真《ひとしん》を識《し》らざるは、只従前《ただじゅうぜん》の識神《しきしん》を認《と》むるが為《ため》なり。

無量劫来生死《むりょうごうらいしょうじ》の本《もと》、癡人《ちにん》喚《よ》んで本来《ほんらい》の人《ひと》と作《な》す。


ここに主人公という言葉が出てきます。「主人公という言葉は禅語ですか」と聞かれたことがありますけれども、主人公とはそもそもどういうことでしょうか。一般的によく使われる『広辞苑第七版』で「主人公」を見ますと——①主人の敬称。②小説・脚本などの中心人物。ヒーロー・ヒロイン。③［無門関］禅で、自己の本来の主体。瑞巌彦《ずいがんげん》和尚は、毎日自分に「主人公」と呼びかけ、「はい」と返事をしていたという。——とあります。

最初に書かれているのは主人を敬う「公」をつけて「主人公」と呼ぶということですが、一般に使われるのは二番目の「小説・脚本などの中心人物。ヒーロー、ヒロイン」という意味でしょう。でも『広辞苑』はありがたいですね。三番目にちゃんと『無門関』の名を挙げて「禅で、自己の本来の主体」を「主人公」というと書いてくださっています。さらに瑞巌彦和尚のことまで触れてくれています。

ちなみに諸橋轍次《もろはしてつじ》先生の『大漢和辞典』を見ると「主人」とは「一家の主」、あるいは「客を迎える家の人。主要人物、中心人物」、それから「君主。己が仕える人」、さらに「妻が夫を言うときの呼び名」と書かれています。そして「主人公」として「主」「主人」「小説、脚本、講談などで事件の中心となっている人物」というように解説がなされています。

ここの問題に出てくる主人公は、『広辞苑』にあるところの「自己の本来の主体」という意味に受け取るのがよろしいと思います。

瑞巌《ずいがん》の彦《げん》和尚《おしょう》、毎日《まいにち》自《みずか》ら主人公《しゅじんこう》と喚《よ》び、復《ま》た自《みずか》ら応諾《おうだく》す。
乃《すなわ》ち云《いわ》く、惺々著《せいせいじゃく》、喏《だく》。他時異日《たじいじつ》、人《ひと》の瞞《まん》を受《う》くること莫《なか》れ、喏々《だくだく》と。

（瑞巌は毎日、自分で自分を「主人公」とよび、「はい」と返事をしてから次のように言っていた。

「しっかりしろよ」、「はい」。「誰かに騙されるようなことがあってはいかんぞ」、「はい、はい」)

瑞巌和尚という方がいました。この人は毎日、自分で自分を「主人公」と呼んで「はい」と返事をして、それから「惺々著、喏」と言っていた、と。「惺々著」とは「しっかりしろよ」ということです。「喏」は「はい」という返事です。また「他時異日、人の瞞を受くること莫れ」。「誰かに騙されるようなことはあってはならんぞ」と自らに言い、「はい、はい」と返事をしていたというわけです。

この「人の瞞を受くること莫れ」ということは、禅では特に臨済禅師の教えの中で非常に大事にされています。その臨済の言行を著したのが『臨済録』です。岩波文庫の『臨済録』のカバーにこう書かれています。

自らの外に仏を求める修行僧にむかって「祖仏は今わしの面前で説法を聴いているお前こそそれだ」と説く臨済(?—867)。彼の言行を弟子慧然《えねん》が記した『臨済録』は「無事の人」に到達しようとする臨済のきびしい自己格闘の跡をまざまざと描き、語録中の王といわれている。

また、禅文化研究所から出ている山田無文老師の『臨済録』の帯には、次の言葉が書かれています。

臨済がみんなに求めるところは、人にだまされるな、ということだ。
学問にだまされるな。
社会の地位や名誉にだまされるな。
外界のものにだまされるな。
何ものにもだまされぬ人になれ。
それだけだ。

こういうところに禅の教えの特徴が見られます。自己の外に仏様というものを立てて、それを頼りにしていこうというのとは全く違うのです。

詩人の茨木のりこさんに「倚《よ》りかからず」という詩があります。

もはや
できあいの思想には倚りかかりたくない

もはや
できあいの宗教には倚りかかりたくない
もはや
できあいの学問には倚りかかりたくない
もはやいかなる権威にも倚りかかりたくはない
ながく生きて
心底学んだのはそれぐらい
じぶんの耳目
じぶんの二本足のみで立っていて
なに不都合のことやある

倚りかかるとすれば
それは

椅子の背もたれだけ

（『茨木のり子詩集』岩波文庫）

禅というのは椅子の背もたれにも倚りかからないものだと私は言っていますが、そういうところが禅の教えの魅力でしょう。

●目を覚ませ、外のものに騙されるな！

こういう禅の精神は、古くを遡《さかのぼ》っていけばお釈迦様の教えの中にもあると思います。カーラーマスッタ（カーラーマ経）という仏陀の古い経典があります。そこにお釈迦様がこういうことを言われたと書かれています。

人から聞いたこと、古い言い伝え、世間の常識、あるいは文字になっているもの、そういうものを鵜《う》呑みにしてはいけない。想像、推測、外見、可能性、あるいは師の意見、そういうもので教えが真理であると決めつけてはいけない。

自分が直接、「この教えは正しくない、間違っている、賢者も批判している。この教えを実行すると弊害があり、人々が苦しむ」とさとったとき、それを捨てればいい。自分が直接「この教えは正しい、間違いがない、賢者も称賛している。この教えを実行すると人々が豊かになり幸福になる」とさとったとき、それを受け入れ、実践すればいい。

「人から聞いたこと、古い言い伝え、世間の常識、あるいは文字になっているもの、そういうものを鵜《う》呑みにしてはいけない」という中には経典なども入ります。何よりもお釈迦様の教えそのものが、それ以前にあったインドのバラモン教を否定するという形で始まっています。

バラモン教においては『ヴェーダ』という聖典があります。この『ヴェーダ』が絶対的な権威を持ったものとして尊ばれていました。でも、そういうものを鵜呑みにしてはいけないとお釈迦様は言いました。ここにある「文字になっているもの」というのは経典や聖典をも指しています。

想像や憶測、外見や可能性、あるいはお師匠さんの意見だからといって、それでその教えが真実である、真理であると決めつけてはいけない。そして、自分が「この教えは正しくない、間違っている、賢者も批判している。この教えを実行すると弊害があり、人々が苦しむ」と悟ったときにはそれを捨てればいいし、自分が「この教えは正しい、間違いがない、賢者も称賛している。この教えを実行すると人々が豊かになり幸福になる」と悟ったときにはそれを受け入れて実践すればいいのだ、と。これがお釈迦様の根本姿勢です。

ところが仏教というものは、お釈迦様がお亡くなりになるとだんだんとお釈迦様を神格化していきます。お釈迦様を特別な存在にして、仏陀にひれ伏していくという教えに変わっていきます。

そういう在り方に対して異を唱えて出てきたのが禅の教えです。元来、仏様にひれ伏すような教えではなかったはずだ、お釈迦様の根本精神はそういうものではなかったはずだと批判をしたわけです。そして、祖師や仏というものが外にあって、それに向かって私たちがひれ伏して教えを請うというようなものではなくて、一人ひとりの中に尊いものがあると自覚することが大切であるというようなことを説き出したのです。

『臨済録』に「赤肉団上に一無位の真人有り」という言葉があります。「この素っ裸の肉体になんの位やレッテルを貼ることのできない素晴らしい自己がいる。それが常に働いている。これを見届けなければならない」と臨済は言ったのです。

私ども禅宗の立場から言えば、禅というのはお釈迦様の元々の精神を復興しようとしているということになるのですが、仏教学の歴史の中から言えば、大変に変わった教団、むしろ異端的なものとして扱われておりました。

そういう経緯があるため、禅では、本当の自分がよりどころとするべき主人公は自己にあると考えるのです。だから、瑞巌和尚は自分自身に向かって「主人公」と呼びかけて「はい」と返事をする。「惺々著《せいせいじゃく》」と自分で言って「惺々」と返事をする。「惺々」とは、はっきりと目が覚めている状態です。何かに騙されていない状態、覚醒している状態をいいます。ですから、「惺々著」「喏」とは、「目が覚めているか、しっかりしろよ」「はい」と言っているということなのです。

そして「他時異日《たじいじつ》」というのは将来です。これからあと、将来どんな時においても、「人の瞞《まん》を受くること莫《なか》れ」決して人にごまかされるようなことはないようにしろよ、と自分に言って「はい、はい」と返事をするのです。それは何も詐欺に騙されるというようなことではなくて、たとえ経典であろうと、昔からの言い伝えであろうと、そういうものに騙されるなよと言っているのです。それよりも今、自分は何をすればいいのかを考えろ、と。

カーラーマスッタに書かれているお釈迦様の教えが本当に実践できれば素晴らしいと思います。ついつい我々はおかしいなあと思っていても、これが昔からの言い伝えだと言われると従ってしまいます。昔からの言い伝えというものに我々は弱いのです。特に修行の世界ではそうなりがちです。これは昔からこうやっているんだと言われると何も言い返せません。

しかし、調べてみると、その「昔」というのはそれほど昔ではないことが多いのですけれども、「これは世間の常識ですよ」とか「聖典や経典に書かれていますよ」と言われると、ついついそれを鵜呑みにしてしまいます。お釈迦様は、それはおかしいのではないかと言われたのです。

それから「賢者も批判している」という言葉がありましたけれど、これは複数の目を持つということを言っているのでしょう。自分がおかしいと思う感覚は大事にすべきです。でも、自分だけではなくて、世間の良識のある人もおかしいと言っているではないか、と。その教えを実行すれば弊害があり、人々が苦しむことになると悟れば、それを捨てればいいと言うのです。鍵山秀三郎先生が以前、全取引の六割も占めるような会社との取引をやめる決断したことがあると言われていました。「決断の基準はなんだったのですか」と聞くと、「その会社とやり取りをしていると社員が苦しむと判断したからだ」と答えられました。まさにお釈迦様の教えを実行されたわけです。

それとは逆に、自分がこれは正しい、間違いはないと思うだけでなくて、賢者もこれを称賛している。この教えを実行すれば人々が豊かになり、幸福になると悟ったときは、それを受け入れて実践すればいいのです。

そういうようなことを瑞巌和尚は常に言い続けていたわけです。自分で自分自身に「主人公よ、しっかりしろよ、目を覚ませよ、外のものに騙されるなよ」と言っていたのです。禅で大事なことは、ただ何も感じない、何も思わないことではなくて、常に正しい判断ができる自分を目覚めさせるということに他なりません。

●不生不滅の仏心と通じている「私」

それに対する無門慧開禅師の批評を読んでみましょう。

無門曰《むもんいわ》く、瑞巌老子《ずいがんろうし》自《みずか》ら買《か》い自《みずか》ら売《う》り、許多《そこばく》の神頭鬼面《じんづきめん》を弄出《ろうしゅつ》す。何《なに》が故《ゆえ》ぞ、聻《にい》。一箇《いっこ》は喚《よ》ぶ底《てい》、一箇《いっこ》は応《おう》ずる底《てい》、一箇《いっこ》は惺々底《せいせいてい》、一箇《いっこ》は人《ひと》の瞞《まん》を受《う》けざる底《てい》。

（《無門は言った。》瑞巌の爺さんは自分で買い自分で売り、多くの神頭・鬼面をひねり出している。どうしてだろうか。ひとつは喚ぶもの、一つは応えるもの。ひとつははっきりしているもの、ひとつは騙されないもの）

この「瑞巌老子」というのは親しみを込めた言葉で、「瑞巌爺さん」という感じの言い方です。瑞巌爺さんは自分で買って自分で売っているようなものだ、と。これは自分で自分に主人公と呼びかけて自分で返事をすることをたとえて言っています。「神頭鬼面」というのは、劇で用いるお面です。「主人公」と呼びかけて、「はい」と返事をする。一人で何役もやっているという意味です。落語などで、首を右と左に動かして一人で何役も演じますけれど、そんなふうに一人で何役もやっている。

一つは喚《よ》ぶもの、「主人公」と呼ぶ役。一つは応えるもの、「はい」と返事をする者。あるいは、「はっきりしているか」と言う者もいれば、「人に騙されるなよ」と言う者もいれば、それに応えて「騙されませんよ」と言う者もいる。そういうふうに一人で何役も、あたかも劇のように演じているな、と。

認著《にんじゃく》すれば依前《いぜん》として還《かえ》って不是《ふぜ》。若《も》し也《ま》た他《た》に倣《なら》わば、総《そう》に是《こ》れ野狐《やこ》の見解《けんげ》ならん。

（実体視すればやはりだめ。瑞巌をまねようものなら、みな野狐の見解である）

しかし、瑞巌が演じる二つの役を実体あるものと勘違いしてはいけないし、それをまねてもいけない、と無門禅師は言います。そういう一人何役というのを実体視すれば、これは多重人格になってしまいます。多重人格的なものは人間には誰でもあるのだろうと思いますけれども、それがあまりにも強くなって実体視してしまうと病というふうに言われるでしょう。ですから、そういうものを実体視してしまえば、これは自己がたくさんになってしまうのでだめだというのです。

「若し也た他に倣わば」というのは、「瑞巌のまねをしようとしたならば」ということです。そうすると「総に是れ野狐の見解ならん」。みな「野狐の見解」である。野狐は前回の百丈野狐に出てきました。あの問題がもとになって、とんでもない勘違いをした者のことを「野狐禅」と言うようになっていくんです。

狐にしてみれば悪いことの代名詞にされて甚だ迷惑でありましょうけれども、狐というのは人を騙すというふうな意味で使われることが多いような気がします。この

「野狐の見解」というのも、偽物、とんだ勘違いであるということを示しています。つまり、瑞巌が演じる二つの役を実体あるものと勘違いしてはいけないし、それをまねてもいけないということです。

頌《じゅ》に曰く、

学道《がくどう》の人真《ひとしん》を識《し》らざるは、只従前《ただじゅうぜん》の識神《しきしん》を認《と》むるが為《ため》なり。

無量劫来生死《むりょうごうらいしょうじ》の本《もと》、癡人喚《ちにんよ》んで本来《ほんらい》の人《ひと》と作《な》す。

（《頌に曰く、》仏道を学ぶ人が真実を知らないのは、昔から識神を実体視しているからに他ならない。無量劫より生死の本、愚か者はそれを本来人などとよんでいる）

それを無門慧開禅師が頌で謳《うた》いました。「学道の人真を識らざるは、只従前の識神を認むるが為なり」と。この「認むる」は古い読み方では「とむる」と読みます。

仏道を学ぶ者が真実を知らないのは、昔から表面に表れている意識を実体視しているからに他ならない。その意識が様々な迷いを引き起こすのだ、と。「識神」とは「意識」のことです。

「無量劫来生死の本」の「生死」は「迷い」を指します。「生死」という言葉は単に

「生まれて死ぬ」ということを言い表す場合もありますが、「迷い苦しみ」という意味で使う場合もあります。ここは「迷い苦しみ」という意味です。

遠い昔から迷い苦しみの大本である人間の儚《はかな》い意識を、愚か者は「それが本来の人だ、主人公だ」などと呼んでいる。しかし、そんな表面的な意識だけを手がかりにしてはならないというわけです。

では、いったい何が主人公なのか。朝比奈《あさひな》宗源《そうげん》老師の言葉を参照したいと思います。

常にお互いが頼りにし、お互いの生活の根底としている意識そのものには実体は無く、その意識の尽きたところに永遠に変わらぬ、始めもなく終わりもなく、常に清らかに常に安らかに、常に静かな光明に満たされている仏心があると悟り、あらゆるいのちあるもの皆仏心を具《そな》えている。

もちろん意識が一番手がかりにはなるのですが、「常にお互いが頼りにし、お互いの生活の根底としている意識」そのものは浮かんでは消え、消えては浮かぶものです。「意馬心猿《いばしんえん》」と言いますけれど、いろんなことを思ったり、あっちに揺れたりこっちに揺れたりします。そんな意識には実体はないのです。

でも、その意識の根底・源・大本といいましょうか、「その意識の尽きたところに永遠に変わらぬ、始めもなく終わりもなく、常に清らかに常に安らかに、常に静かな光明に満たされている仏心があると悟り、あらゆるいのちあるもの皆仏心を具えている」と朝比奈老師は言われます。この意識の根底に仏の心があるのだということです。それは常に安らかであり、清らかであり、静かな光に満たされたものだ、と。

仏心は絶対であり、私どもは仏心の中に生まれ、仏心の中に生き、仏心の中に息を引き取る。仏心から外れて生きることも、仏心の他に出ることもできない。私たちは仏心という広い心の海に浮かぶ泡の如き存在である。生まれたからといって仏心の大海は増えず、死んだからといって、仏心の大海は減らず。私どもは皆仏心の一滴である。一滴の水を離れて大海はなく、幻の如きはかない命がそのまま永劫不滅の仏心の大生命である。

たとえて言えば、私たちは仏心という広い心の海に浮かぶ泡のようなものだ、というのです。泡とこの海とは一つのものです。泡のもとは海ですから、泡を見ればそれは必ず海を見ることができるわけです。

そして、泡が浮かんだからといって海が増えるわけでもないし、泡が消えたからといって海が減るわけではない。「私どもは皆仏心の一滴である」と。こういう一滴の水がそのまま大海に通じているのです。それは先ほどの「一本の指が天地と通じている」という感覚です。この私のこの脆《もろ》く儚い意識が永遠の不生不滅の仏心と通じているのだというわけです。

自分を「主人公」と呼ぶのは、この永劫不滅の仏心の大生命を呼び覚まそうとしているというふうに受け取りたいのです。そういうことを自覚していくのが禅の修行の一番大事なところということなのでしょう。

●三十五歳で出家した苦労人・五祖法演

そのように主体性を自覚して、禅というものがどのように教えを説いていくのか、どのように働いていくのか。禅が主体性を発揮していくところを『無門関』第四十五則「他是阿誰《たはこれあたぞ》」という問題から学んでみましょう。

内容に入る前に、ここに登場する五祖法演《ごそほうえん》禅師という人についてお話ししたいと思います。この人は生まれた年がわかりませんが、だいたい八十歳すぎまで生きたと言われています。白雲守端禅師という方のお弟子で、白雲守端禅師は生没年がはっきりしているんです。五祖法演禅師の年齢が八十二から八十四までの間だと想定しますと、五祖法演禅師はお師匠さんの白雲守端禅師よりも年上であったということになります。

こういうことは間々ございまして、たとえばお釈迦様のお弟子の迦葉《かしょう》尊者はお釈迦様より年が上だったという説もあります。それから妙心寺のご開山である関山慧玄禅師はお師匠さんの大燈国師より年が上だったということもございます。

白雲守端禅師という方は禅の世界ではいわゆる天才肌であって、僅《わず》か二十代で禅の修行を仕上げて大きなお寺に住しました。そのかわり短命でした。それと好対照なのがこの五祖法演禅師という方で、三十五歳で出家して唯識という仏教学を学び、南方に行って円照宗本禅師に参じ、次いで浮山法遠《ふざんほうおん》禅師に謁したと言われています。

この浮山法遠禅師は葉県《せっけん》禅師という人のもとで修行をしていましたが、水をかけられて罵詈雑言《ばりぞうごん》を浴びせられて寺から追い出されるという大変な仕打ちに遭うのです。それでも浮山法遠禅師はこのお師匠さんのもとを去らないと決意を固めて修行していきました。その生き方は後に「法遠去らず」という言葉となって、後世に言い伝えられていくことになりました。

五祖法演禅師はそんな浮山法遠禅師にお目にかかりました。ところが、浮山法遠禅師はそのとき、「自分はもう年をとってしまった。あなたのような者を十分に指導することはできないので、白雲守端禅師のところへ行って修行するがよい。この者はまだ年は若いけれども、すぐれた者のようだから」と言いました。その言葉に従って白雲守端禅師のところで修行をして大成したのがこの五祖法演禅師という方です。

ですから対照的なんです。白雲守端禅師は早くからお坊さんになって修行を始めて、早くにお寺の住持になった。その代わり早く亡くなってしまう。五祖法演禅師は三十五歳で修行を始める。それまでは何をやっていたのかもわからないのですが、当時は四十や五十になれば老人だと思う時代ですから、三十五歳から修行を始めるというのはかなり遅いことであります。

でも、そういう苦労人であるから、五祖禅師の説かれた教えには非常に素晴らしい言葉がたくさんあります。その中で有名なのが、お弟子の仏鑑禅師に送った次の言葉です。

第一　勢不可使盡（勢いは盡《つ》くすべからず）

第二　福不可受盡（福は受け盡すべからず）
第三　規矩不可行盡（規矩《きく》は行い盡すべからず）
第四　好語不可説盡（好語は説き盡すべからず）

五祖法演は仏鑑禅師に「勢不可使盡」「福不可受盡」「規矩不可行盡」「好語不可説盡」という四つの言葉を送りました。

四番目から説明いたしますが、「好語不可説盡（好語は説き盡すべからず）」とは「好い言葉を言い過ぎてはいけない」ということです。「言葉は慎重にしろ」ということでしょう。なぜならば「好語説き盡さば人必ず之《これ》を易《あなど》る」。好い言葉をいつも説いていると「人は必ず之を易《あなど》る」からだというのです。「易《あなど》る」というのは「易《かろ》んじる」という意味です。好い言葉はたまに言うからいいのであって、毎日毎日好い言葉を言っていたら、人はそれを侮ってしまう。なかなか味わいがある言い方だと思います。

次に「規矩不可行盡（規矩は行い盡すべからず）」の「規矩」は規則です。禅のお寺の場合は規則をきちっと守るということを大変に喧《やかま》しく言いますけれども、その規則を完全に守ろうとしてはいけない、と。なぜならば「規矩行い盡さば人必ず之を繁とす」。規則を完全に行おうとすると人はそれをうるさく思うようになるというわけです。

ただ、修行する立場と指導する立場でこれは違うと思います。自分が修行者として学ぶ立場のときは、厳密に規則を行っていくように努力すべきでしょう。修行するときは些細《ささい》な規則も忽《ゆるが》せにせずして修行すべきです。でも、一旦指導する立場になったならば、規則を全部厳密にやろうとしたらいけない。これはお弟子がお寺の住職になったときに与えた言葉ですから、修行僧に与えた言葉ではないんです。

指導者になったら「重箱の隅を楊枝でほじくるようなことはするな、重箱はスリコギで回せ」、つまりと「隅っこまで届かないようにしろ」と言っているのです。そうしないと人はこれを煩わしく思ってしまうから、ということです。ついてこれなくなってしまうのです。

三つ目は「福不可受盡（福は受け盡すべからず）」。一生懸命修行をすれば、いろんな人がいろんなものを下さります。でも、有り難いからといって、頂き物をすべては受けるな、と。なぜならば「福若し受け盡さば縁必ず孤なり」全部受けてしまったら孤独になりますよ、ということです。

必ず遠慮をするというか、控えるというか、自分では受けずに誰かに施してあげるとかすることが大事なのです。全部自分でもらってしまうと孤立してしまいますよ、と。お寺というのは頂き物が多いのですけれど、全部を頂いてはいけない。これも味わいがある言葉です。

四つ目は「勢不可使盡（勢いは使い盡すべからず）」。勢いというのは調子よくいっているときを言っています。そういうときに、その勢いに乗ってはいけないということでしょう。なぜならば「勢い若し使い尽くせば禍《わざわい》必ず至る」と。調子に乗ってしまうと必ず禍がある、と。

これは私などより実際に経営をされている人のほうが体験することが多いのではないでしょうか。勢いのあるときほど慎重にいかなければならないということです。これは健康で元気なときほど気をつけなければならないというのと同じでしょう。そうしないと「禍必ず至る」ことになるというのです。

もう一つ五祖法演禅師についての話を紹介しましょう。

佛鑑慧懃禅師、佛眼清遠禅師、佛果圜悟禅師という「三佛」と言われる三人のお弟子が五祖の傍に侍《はべ》って夜話をしていたところ、灯火が消えてしまいました。昔は皿の上に油をひいて、それに灯心を置いて火をつけていましたので、油がなくって灯が消えてしまったのです。火が消えて真っ暗闇になったところで五祖は三人の弟子たちに

「お前たち、それぞれ一句を言え」と命じました。この状況で一句言ってみよというわけです。

最初に佛鑑慧懃禅師が「彩鳳、丹霄《たんしょう》に舞う」と言いました。鳳凰が夜明けの空で舞を舞っているようなものだと、なんともきれいな言葉で謳いました。次に佛眼清遠禅師は「鉄蛇、古路に横たう」と言いました。鉄蛇というのは真っ黒な蛇です。真っ黒な蛇が古い路に横たわっている。つまり、何も見えない、なにがひそんでいるかわからないということです。

そして三人目の佛果圜悟禅師は「看脚下《かんきゃっか》」と言いました。「この灯火が消えたときは脚下を看よ」と言ったわけですね。前の二人の哲学的・思弁的な答えに比べると、「脚下を看よ」は実に端的で具体的です。五祖禅師はこの一言を説いた佛果圜悟禅師を認めて、「吾が宗を滅する者は乃ち克勤《こくごん》のみ」自分の教えを受け継ぐのは圜悟克勤禅師であると言ったわけです。言葉通り受け止めると、自分の教えを滅するのは、克勤だけだということになりますが、これは禅家独特の表現であって、自分の教えを真に継承してゆくのは、克勤だけだと、克勤を大いに肯った言葉なのであります。この圜悟克勤禅師という人は『碧巌録《へきがんろく》』という書物を遺されました。その教えは今も我々の禅宗に伝わっています。

五祖法演禅師は自分が修行したときの体験をこういうふうに表現しています。

一箇の鐵酸餡《てっさんあん》を咬破して直に得たり、百味具足することを。

「鐵酸餡」というのは鉄の饅頭です。鉄の饅頭ですから歯が立たない。そんな歯が立たない鉄の饅頭を食らわされたようなものだ、というのです。これは理不尽といいましょうか、言葉で説明ができないことを言います。でも、その鉄の饅頭を噛んで噛んで噛み尽くしたならば、「直に得たり、百味具足することを」素晴らしい味わいがあることがわかったと言っています。修行の中でこういう体験をしたということですが、なんとも含蓄のある言葉だと思います。

●自己の中にいる主人公に目覚める——第四十五則「他是阿誰」

では、その五祖法演禅師が出した問題を読み解いていきましょう。まず全体を読んでみます。

無門関第四十五則
他《た》是《はこれ》阿誰《あたぞ》

東山《とうざん》演《えん》師祖《しそ》曰《いわ》く、
釈迦《しゃか》弥勒《みろく》は猶《な》お是《こ》れ他《た》の奴《ぬ》。且《しばら》く道《い》え、他《た》は是《こ》れ阿誰《あた》ぞ。
無門《むもん》曰《いわ》く、若《も》し他《た》を見得《けんとく》して分暁《ふんぎょう》ならば、譬《たと》えば十字《じゅうじ》街頭《がいとう》に親爺《しんや》に撞見《どうけん》するが如《ごと》く
に相《あ》い似《に》たり。更《さら》に別人に問《と》うて是《ぜ》と不是《ふぜ》と道《い》うことを須《もち》いず。
頌《じゅ》に曰く、
他《た》の弓《ゆみ》挽《ひ》くこと莫《なか》れ、

他《た》の馬《うま》騎《の》ること莫《なか》れ。
他《た》の非《ひ》弁《べん》ずること莫《なか》れ、
他《た》の事《じ》知ること莫《なか》れ。

それでは一文ずつ読んで学んでいきましょう。

東山演師祖《とうざんえんしそ》曰《いわ》く、
釈迦弥勒《しゃかみろく》は猶《な》お是《こ》れ他《た》の奴《ぬ》。且《しばら》く道《い》え、他《た》は是《こ》れ阿誰《あた》ぞ。

（《五祖法演が言った。》「釈迦や弥勒といっても、やはりカレの奴隷である」、ここでひとまず言うてみよ、カレとは誰のことか）

「東山演師祖曰く」の「東山」というのは五祖法演禅師が住した場所の別名です。ですから、ここは「東山に住した五祖法演が言った」という意味になります。「釈迦弥勒は猶お是れ他の奴」とありますけれども、この「奴」というのは奴隷のことです。

先ほども話しましたが、仏教が進展するにつれてお釈迦様や弥勒様は私たちがひれ伏す対象となっていきました。お釈迦様は「現在仏」といって、今のこの世に現れて私たちを救ってくださった仏様です。仏様には現れる順番がありまして、次に仏になるのは誰かがあらかじめ決まっています。お釈迦様の次に仏陀になって現れるのは兜《と》率天《そってん》というところに控えていらっしゃる弥勒《みろく》様というふうに決まっているんです。

では、弥勒様はいつ現れるかというとお釈迦様が亡くなってから五十六億七千万年後だというのですから、まあ我々はちょっとお目にかかることはありません。お釈迦様が亡くなってもう二千五百年はたっていますが、五十六億七千万年ですから遥か先のお話です。

法演禅師は、今の仏様と次にこの世を救ってくださる弥勒様は実はそんなに尊いのではなくて、ある人の奴隷だというのです。そして、そのある人というのは誰のことか言ってみよ、と言ったわけです。

おそらく皆さん方は、それは自己の主人公であるということは想像がついていると思います。禅とはそういう教えなんです。お釈迦様や弥勒様にひれ伏すのではなくて、お釈迦様であっても弥勒様であっても、自分自身の本心・本性は自由に使い得ることのできるものだと言わんとしているのです。つまり、主人公に目覚めよということを言うために、もっと強い言葉で、「お釈迦様をも弥勒様をも奴隷のように使うことができる主体があなた方にはあるのだ」と言っているわけです。

こういう問題を五祖法演禅師が出しました。それに対して無門慧開禅師が評を加えております。

無門曰《むもんいわ》く、若《も》し他《た》を見得《けんとく》して分暁《ふんぎょう》ならば、譬《たと》えば十字街頭《じゅうじがいとう》に親爺《しんや》に撞見《どうけん》するが如《ごと》くに相《あ》い似《に》たり。更《さら》に別人に問《と》うて是《ぜ》と不是《ふぜ》と道《い》うことを須《もち》いず。

（《無門は言った。》もしもカレに会うことができれば、それは十字路で実の父親に出くわしたようなもの。それがそうであるかどうかなどと他人に尋ねるには及ばない）

もしもお釈迦様や弥勒様も奴隷として使っていくような人に出会うことができたならば、それはあたかも十字路で実の親父に会ったようなものである、と。

「分暁」というのは、はっきりすることです。どんなに大勢の人々が行き交うような雑踏の中であっても、実の親父に会えば「ああ、親父だ」とはっきりとわかります。誰かに「これは私の親父でしょうか」などと尋ねる必要はありません。そのように、自己の主人公に巡り合うことができたならば、それはその人自身がはっきりわかるので、第三者に「これは本当でしょうか、間違いないでしょうか」などと聞く必要はないのです。それほどはっきりしているのだと無門禅師は言います。

そして、その問題に対して次の頌を作っています。

頌《じゅ》に曰く、
他《た》の弓挽《ゆみひ》くこと莫《なか》れ、
他《た》の馬騎《うまの》ること莫《なか》れ。
他《た》の非弁《ひべん》ずること莫《なか》れ、
他《た》の事《じ》知ること莫《なか》れ。

（《頌に曰く、》他人の弓は引いてはいけない、他人の馬は乗ってはいけない、他人の落ち度は口にしてはいけない、他人の事柄は知ってはいけない）

これは他人への干渉を戒める当時の俗諺《ぞくげん》のようです。無門禅師自身が作った漢詩ではなくて、当時の諺《ことわざ》をそのまま頌に持ってきたと考えられます。

「他人の弓を引いてはいけない」というのは、「人の褌《ふんどし》で相撲を取るな」というのと同じです。また、「他人の馬に乗ってはいけない」「他人の落ち度は口にしてはいけない」「他人の事柄は知ってはいけない」と言っています。

要するに、自己の主人公を明らかにするためには、他人にかかわりあってはいけないと戒めているのです。これもそもそもはお釈迦様の教えで、法句経（ダンマパダ）の中にも「他人の過失を見るなかれ。他人のしたこととしなかったことを見るな。ただ自分のしたこととしなかったことを見よ」というような似た言葉があります。

しかし、このように話をすると、他人とかかわろうとしないというのは不親切ではないですかと言われたことがありますけれども、ほどほどにやればいいのではないかと思います。修行をしていると、ついつい他人の過失ばかりを見てしまうことになりがちなのです。ですから、どこまでも自分のしたこと、自分のしなかったことをちゃんと見ていこう、と。その上で相手の様子を見ながら注意するというのであれば、何も問題はないと思います。

●迷い苦しみの世界から悠々と抜け出す

五祖法演禅師は「主体性を保つ」ということについてこういうことを言っています。

仏教ではこの世界を「迷い苦しみの世界」と説きます。では、この迷い、苦しみの世界からどう抜け出るのか。五祖は、「我々がこの迷い苦しみの世界から抜け出るということは、獄中に囚《とら》われてそこからどう抜け出るかという問題なのだ」と言います。脱獄にたとえているのです。五祖法演という人には泥棒の喩えもあります。

その脱獄をするときに天窓を破って脱獄をするというのは下の下だと五祖は言います。本当の脱獄の仕方というのは、まず牢屋に閉じ込められたならば、牢屋の番人と親しくなって心を通わせて、時には一緒に食事をしたり、時には一緒にお酒を飲ませてくれるような関係性を築けと言うわけです。

そしてある時ある晩に、「今日も一杯やろう」といって番人と一緒にお酒を飲みながら気持ちよく酔わせて、相手がぐっすり眠ったところで気づかれないように衣服を取り替えて、自分が番人の衣装を着て堂々と門から出てくる。そのようにならなければ一流とは言えないと言っているんです。

このような喩え話をしたあとで、この世界が迷い苦しみの世界だからといって、単にそこから抜け出ようというのではだめだと五祖禅師は言います。この世界の中で迷っている人たちと一緒に苦しみながら、悠々とそこを抜け出てくるような修行をしなければならないと言うのです。

単に逃げ出るのではなくて、そこを楽しんでくるぐらいの気持ちを持たなければならないというのも、主体性ということとかかわってくると思います。牢屋に入れられたという受け身ではなくて、そこで楽しんでくるという主体性があるんです。ここからいかにうまく抜け出してやろうか。こそこそ抜け出るのではなく、堂々と正面の門から出てやろう、と。面白い喩えだと思います。

●臨済禅師の教えを紐解く

この『無門関』の教えは、もとを正せば臨済禅師の教えあたりまで遡《さかのぼ》ることができると思います。たとえば臨済禅師はこんなことを言っています。

諸君、まともな見地を得ようと思うならば、人に惑わされてはならぬ。内においても外においても、逢ったものはすぐ殺せ。仏に逢えば仏を殺し、祖師に逢えば祖師を殺し、羅漢《らかん》に逢ったら羅漢を殺し、父母に逢ったら父母を殺し、親類に逢ったら親類を殺し、そうして始めて解脱《げだつ》することができ、なにものにも束縛されず、自在に突き抜

けた生き方ができるのだ。

（入矢義高訳注『臨済録』岩波文庫）

このように「決して人に騙されるな」ということは、臨済禅師あたりからずっと説かれていることです。五祖法演禅師はこの臨済の教えを受け継いで、宋の時代に臨済禅師の教えを再興したと言われております。こういう精神を受け継いで、「お釈迦様も弥勒様もある人の奴隷である」というようなことを言われたのでしょう。

次の言葉も『臨済録』の現代語訳を参照させていただいております。

諸君、真の仏に形はなく、真の法に相《すがた》はない。しかるに君たちひたすらまぼろしのようなものについて、あれこれと思い描いている。だから、たとえ求め得たとしても、そんなものは狐狸《こり》の変化《へんげ》のようなもので、断じて真の仏ではない。そんなのは外道の見かただ。

（入矢義高訳注『臨済録』岩波文庫）

ただ言われた時間で決められたことを何もわからずにやっているだけでは、それは自己を研鑽《けんさん》していくことにはつながらないというのはこういうことです。

そもそも真正の修行者は、決して仏を認めず、菩薩をも阿羅漢をも認めず、この世の有り難そうなものなど一切問題としない。そんなものからはるかに超越して、外の物にかかずらわない。

（入矢義高訳注『臨済録』岩波文庫）

本物の修行人は仏を求めようとしないというのは、「自己が自己の主人公たれ」ということを教えているわけです。これは仏を求めて、その仏に救いを求めようとするのではないということです。

そして、迷いの世界を抜け出るというのも、先ほどの話にありましたように、こそこそ抜け出ようとするのではなくて、それを楽しんで、堂々と、悠々として出て来いというのです。それは、たとえ天地がひっくり返ってビクともしないような心境なのだと臨済禅師は言うのです。

たとい天地がひっくり返ってもうろたえず、十方世界の仏がそろって出て来てもいささかも喜ばず、三途《さんず》地獄がぱっと現れても微塵《みじん》も怖れない。なぜかといえば、わしから見ると、すべての存在は空相《くうそう》であって、外的な条件次第で有となり、その条件がなければ無となる。三界はただ心の生成であり、一切はただ識の現成《げんじょう》であるからだ。

だから『夢や幻や空花のようなものを、わざわざ把《とら》えようとするな』というわけだ。

（入矢義高訳注『臨済録』岩波文庫）

これは浄土教に対して言っているようにみえます。浄土教というのはその頃、禅と一緒に流行していました。中国の仏教は、結局のところ禅と浄土教の二つが残っていきます。やがてその二つは一つになっていくのですけれども、臨済禅師などは浄土教に批判的な見方をしています。ここでも、浄土教は臨終のときに阿弥陀様やたくさんの菩薩方が目の前に現れて救ってくれると言うが、そういうものが現れても微塵もありがたいとは思わないし、逆に地獄・餓鬼・畜生という三途地獄がいきなり現れても少しも恐ろしいとは思わない、と言っています。

なぜかと言えば、あらゆるものは本来「空」なのであって、因縁によって現れもすれば消えもするに過ぎないからだ、と。

「三界」というのは、この迷いの世界です。この迷いの世界は心が映し出したものであり、万物は意識が生み出したものであるということが自分にはわかっている。そんな夢や幻、空に現われる幻影を捉まえようとしても無駄なことである、と言うのです。

ただ、今わしの面前で説法を聴いている君たちその人が、火に入っても焼けず、水に入っても溺れず、三途地獄に入っても花園に遊ぶよう、餓鬼道や畜生道に入っても苦しみを受けない。

（入矢義高訳注『臨済録』岩波文庫）

ただ、あなた方、目の前で説法に聴き入っている人、皆さん方こそは地獄の火に入っても焼けることはないし、水に入っても溺れることはない。それから、ここからが面白いところで、「地獄に入ること、園観に遊ぶが如し」というのです。地獄に入っても花園に遊ぶようなものだ、と。これはたとえ牢屋に閉じ込められても、楽しんで遊んでくるぐらいでなければならないというのと同じですね。地獄に行っても、まるで遊園地で遊んでくるが如くでなければならないと言うわけです。これは「絶対の主体性を保て」ということを説いているんです。

なぜかといえば、嫌うものは何もないからだ。『汝がもし聖を愛し凡を憎んだならば、永遠に迷いの海に浮き沈みするであろう。煩悩は心によって生じる。無心であれば煩悩の拘束もない。姿かたちを弁別する要もなく、するりと一発で道を体得できる』わけだ。

（入矢義高訳注『臨済録』岩波文庫）

それはなぜかというと、「**嫌うものは何もない**」と。嫌だというものがない。でも、あなた方が聖なるものを求めて俗なるものを憎むのであれば、つまり悟りを求めて迷いを憎むようであれば、それこそ煩悩の海に沈んでしまうのである、と。煩悩は心によって起こるものであって、外に求めようとする心がなくなれば、あなた方を縛りつける煩悩は起こらない。わざわざ分別を働かせて仮の相を求めることがなければ、おのずから道というものは開かれていくというのです。

君たちが脇道の方へあたふたと学び取ろうとして行ったならば、三祇劫《さんぎこう》の長い長い時間をかけても、結局は迷いの世界に戻るだけだ。何もすることなしに、道場の中で禅牀《ぜんしょう》で足を組んで坐っているのが一番だ。

（入矢義高訳注『臨済録』岩波文庫）

そうであるのに、なぜあなた方はあたふたとあちらこちらを走り回り、外に向かって教えを求めようとするのか。それでは、長い長い修行の階梯を歩んでも、結局は迷いの世界を出ることはできない。それよりも無事なることを心得て、自分の道場で脚を組んでどっかり座るほうがましである、と臨済禅師は言っています。

●何があってもびくともしない力強い自己を発見する

今度は山田無文老師の『臨済録』の解説を参照したいと思います。山田無文老師は次のように言われています。

ただ実在するのは、人人の意識自体である。そこでわしの話を聴いておる意識自体は確かにあるはずである。「我思うが故に我在り」だ。夢ではない、幻ではない。空花ではない。確かにある。それが森羅万象、一切の現象をあらしめていくのである。縦には三世を貫き、横には十方をぶち抜いて、世界を現出していくものは、この聴法底の意識自体である。その意識自体の本質は、形もなければ、色もなければ、姿もない。したがって、火の中にくべて焼けるというようなものではない。水に入って溺れることもない。絶対超越だ。火をあらしめ、水をあらしめていく根本になる意識である。

どんな大火事の映画を映したからといって、映画の幕は焼けやせん。どんな激しい戦争の映画を映しても、あの白い幕はちっとも焦げはせん。どんな大海の水を映したからといって、幕は濡れやせん。お互いの主体性そのものは、絶対超越であって、何ものをもこれを動かすことはできんのである。そういう力強い自己を発見せんといかん。インフレになろうがデフレになろうが、食う物がなかろうが、ビリッとも動かんのだ。

たとえ八寒地獄、八熱地獄の真只中に落ちても、悠々と公園を散歩しておるようなものだ。いくら激しい戦争の映画を映しても、幕は涼しいようなものだ。どんな世界が現れて来ても、静かにこれを眺めていく心の余裕がなければならん。三塗《さんず》地獄に入るも、園観に遊ぶが如しだ。

（山田無文『臨済録』禅文化研究所）

「ただ実在するのは、人々の意識自体である」とあります。この場合の「意識」とは、仏心に通じている意識です。泡と海の関係で言えば、海と一つになっている泡のような意識のことです。「その意識自体の本質は、形もなければ、色もなければ、姿もない。したがって、火の中にくべて焼けるというようなものではない。水に入って溺れるようなこともない。絶対超越だ。火をあらしめ、水をあらしめていく根本になる意識である」と。それを倶胝和尚は指一本で表そうとし、瑞巌和尚は「主人公」と呼んで自ら覚醒させようとしたのです。

山田無文老師はこれを喩え話で説いています。「たとえどんな大火事の映画を映したからといって、映画の幕は焼けない」と。確かにそうです。「どんな激しい戦争の映画を映しても、あのスクリーン、白い幕はちっとも焦げはしない。どんな大海の水を映したからといって、幕は濡れない。お互いの心の主体性というものは、絶対超越であって、何ものをもこれを動かすことはできないのである」。この世の中でどんな苦しいこと、どんなつらいことがあったとしても、私たちの主体性、主人公はびくともしないのです。そういう力強い自己を発見することだ、というわけです。

別にこれには努力の必要はありません。火事の映画があったとしても、火を消そうとか延焼しないようにしようと努力する必要がないように、次元が違うのです。映画のスクリーン本体は燃えません。それと同じく、現実に何があってもビクともしない主体性、主人公というものが自分の中にある。それは「インフレになろうがデフレになろうが、食うものがなかろうが、ビリっと動かんのだ」「地獄の真っ只中に落ちても、悠々と公園を散歩しておるようなものだ」と。これは先ほどの五祖法演禅師の話と一緒です。たとえ牢獄につながれても悠々とそこで一杯飲んで楽しめというわけです。

「いくら激しい戦争の映画を映しても、幕は涼しい」、つまりスクリーン本体は微動だにしません。だから、「静かにこれを眺めていく心の余裕がなければならん」と。映画を楽しみながら、同時に私たちは「これは映画である」とわかっているから安心しているわけです。どんな火事のシーンが出てきても、燃える心配はないとわかっているんですね。

そういう主体性はどこにあるのか。「三途地獄に入るも園観に遊ぶが如しだ」地獄に行ってもそこで楽しんでくる。そういう主人公を見出していかなければならないということなのです。

●主人公を呼び覚ますための二つの方法

次に至道無難禅師という日本の江戸時代の禅僧の言葉を紹介します。この至道無難禅師は西暦一六〇三年ですから関ヶ原の合戦の三年後に生まれた方です。もともと関ヶ原の宿屋の主だったのですが、一念発起して五十歳を越えてお坊さんになりました。この人のお弟子が正受老人で、その正受老人のお弟子が白隠禅師です。

至道無難は大変わかりやすい法話を書いています。

一、人は家を作りて居す。仏は人の身をやどとす。家のうちに亭主つねに居所あり。ほとけは人の心にすむなり。

人が家を作って住んでいるのと同じように、仏は人の身体を宿として、その中に住んでいます。家の中には常に主（主人公）の居場所があります。それと同じく、仏は常に人の心の中に居場所を持っています。

では、それを自覚していないとき、どうやって主人公・仏を呼び覚ますことができるでしょうか。至道無難禅師はこのように言います。

一、じひにものことやはらかなれは、心明なり。心明なれは、仏あらはるるなり。

一、心を明にせんとおもはば坐禅して如来にちかつくへし。

一つには、自分たちが優しい慈悲の心、思いやりの心を起こして、物事を柔らかに行っていけば、心が明らかになる、と。心が明らかになってくると、明るい心になってきます。すると、そこに仏が現れるというのです。そして心を明らかにしようと思ったならば、坐禅をして仏に近づくがよい、と。

一、くふうしてわが身のあくを如来にさらせよ。かくのごとくつとむる事たしかなれは、仏になる事、うたかひなし。

もう一つは、工夫して自分の身の悪を仏に明らかに示しなさい、と。これは自分自身も反省しなさいということです。自分自身にどのような間違い、どのような悪があるのかということを意識して反省することも忘れてはならないということです。そうすれば仏になることは疑いない。つまり、主人公を呼び覚ますことができることになるのです。

こういうふうに至道無難禅師は大変わかりやすく主人公のありかを示してくれてい

ます。

●「自らが主人公」という自覚を持って堂々と生きる

今日の言わんとするところを一言でまとめてみますと、次のようになるでしょうか。

主人公は自己の心に居す。慈悲の心を起こして物事をやわらかに、穏やかに、和やかに行えば、主人公＝仏の心が現れる。

主人公は自分の心に坐っているのです。だから、外に主人公を求める必要はないということです。そして、その主人公を見出すにはどうしたらいいのかというと、坐禅して仏に近づくべし、と。これは非常に手っ取り早いことだと思います。

坐禅は外のものを断ち切る修行です。外のものを見ようしない、聞こうとしない。時にはスマートフォンだのパソコンだのというものも切ってしまって、自分で静かに坐って腰を立てる。それは主体性を回復する一番の手立てになります。

そして自分の呼吸を見つめる。それが自己を見つめる一番の手がかりになりやすいのです。自己の心を見よと言っても心自体は見えません。だから、自分の呼吸を見つめましょうというのです。今、自分の呼吸が出たり入ったりしているのを見つめるのです。

呼吸と心は極めて密接に連動しています。心が苛立《いらだ》っているとき、心が荒れているときは必ず呼吸も荒れていますし、静かな呼吸になっていれば心も静かな心になっています。ですから、常に自分の息を乱さないようにすればいいのです。自分の心に気づくのは難しいけれども、息に気がつくことは大変にわかりやすいんですね。ですから武道などでも息ということを非常に大事にするわけでしょう。

そういうふうにして自分の心を静かに、穏やかに、感情の波を立たせないようにして慈悲の心を起こして、物事を柔らかに、穏やかに、和やかに行うようになっていったときに、初めて自己の主人公、主たるところの仏の心が顕《あら》わになってくるのです。

その心を持って、いかにこの現実の世界の中で周りと調和しながら生きていくかです。「俺は主人公だから」といって威張っていたのではいけません。主人公といえども周りの人たちの支えがあってこその主人公です。主人公が自覚されればなおのこと、周りの人たち、周りの状況とうまく穏やかに調和しながら働いていくことができるのです。そういうあり方を自覚しなくてはいけません。

倶胝和尚はこの主人公、仏の心を「この指一本」で表されました。瑞巌和尚は「主人公」という言葉で自らに常に呼びかけました。五祖法演禅師は「あなた方が一番尊いと思っているようなお釈迦様や弥勒様というような方よりも、もっと尊いものがあなた方の心の内に具わっている」と言いました。

それを自覚して、この困難な世の中を堂々と生きていってほしいというのが禅の教えなのです。

第四講

生死の一大事

●人間の生は死によって成り立っている

今回は生死の問題です。仏教的な読み方、禅の世界の読み方では生死と書いて「しょうじ」と読んでおります。

最近様々な印象的な出会いがございました。一つには工藤煉山《れんざん》という四十代半ばの尺八《しゃくはち》の演奏家の方と対談をいたしました。その方が語っていた言葉に興味を持って対談することになったのです。

工藤さんは尺八を吹くのに必ず竹薮《たけやぶ》に行って竹を採るところから始めるのだと言われました。そして「竹薮に行くと、『入って来るな』と竹が抵抗する」というんですね。竹にしてみれば自分たちの命をとられることだから抵抗するというのです。「でも敢《あ》えて入っていって一本の竹の命をいただく。この実感がなければ尺八の音は出ない」と工藤さんは言いました。

私なども毎年春になると筍《たけのこ》を採りに竹薮に入ります。しかし、そのときに竹が抵抗するなんて考えたことはありません。筍を採って早く食べようということしか考えずに採っています。工藤さんの言葉を聞いて、やはり芸術家になるような人は違うのだなと思いました。竹の命を奪うというのも一つの死ですね。「死によって自分の生が成り立っているという感覚がなければ尺八の音が出ない」と言われるのを聞いて、ああ、なるほどと思いました。

以前、「十牛図《じゅうぎゅうず》」をテーマにしてセミナーを開きました。それを本（『十牛図に学ぶ──真の自己を尋ねて』致知出版社）にしてもらったのですけれども、それがきっかけになっていろんな出会いが広がりました。数日前にも、多くの飲食店を展開している会社から「十牛図」の講義の依頼がございました。

その会社の社長さんが禅に関心があって、それぞれのグループのトップを集めたところで「十牛図」の講義をしてくれというお話でした。社長さんにいろいろな話をお聞きして驚きました。社長さんは「すき家」の一号店から始めて、今は世界中にチェーン店を持っているのですが、もうこれでいいという考えは全《まった》くないんです。「自分はこの世界から飢えと貧困をなくしたい。だからまだまだお店を作って従業員を増やしていかなければいけない」と言われました。お歳は七十半ばでしょうが、年齢など気にすることなく、自分は何をしたいという明確なイメージを持っていることがわかりました。

これは尺八の工藤さんの話とも通じました。工藤さんも「どういう演奏をするかというのはどこまで自分の演奏をイメージできるか」だと言っていました。人間は自分でイメージできれば必ずそのようにできるのだ、と。なるほどなと思いました。

人間は加齢とともに肉体が衰えていきます。それは流れに任すのも一つでしょう。その一方で、自分としてどう生きていくのか、どうありたいのかというイメージをはっきりと持って努力していくことも大事だなと改めて思いました。どんな道においても終わりはないということを、その社長さんに出会って感じました。同時に、一代でものを立ち上げた人の持つ迫力というものを感じた出来事でした。

そのような出会いがございまして、改めて生と死の問題は大事なことだと思ったところです。

昨今、特に若い人の自死が増えているというニュースを新聞などで見ます。いろんな問題があるのだろうと思いますけれども、人間は死ぬものであるという、その死を見つめる、死に接する機会が少な過ぎるのではないかという気がします。

私は満二歳のときに祖父が亡くなって火葬場に行きました。今は火葬場もきれいになって煙も上らないし煤《すす》けた匂いもしません。それは有難いことですけれども、あまりきれいになり過ぎて、死というもののリアリティーが欠けているような気がするのです。

昭和三十年代、四十年代の頃の焼き場というのは、そんなにきれいなものではありませんでした。煙突からは煙が出ますし、匂いもします。そこには人間は死ぬとこの身体を燃やすのだという死のリアリティーがありました。いいか悪いかはわかりませんが、そのようにして死を見つめることによって、逆に今を生きなければならない、今日を生きなければならないという気持ちがよりいっそう強くなったように思うのです。

そういうところも含めて、今回は生と死の問題について皆さんと一緒に考えていきたいと思います。

●自由自在に動き得る生命体が体を動かしている――第八則「奚仲造車」

では、今日のところに入っていきたいと思います。「生死《しょうじ》の一大事」というテーマを掲げて、三つぐらいの問題を取り上げてお話をしようと思います。

第一番目は「奚仲造車《けいちゅうぞうしゃ》」という問題です。人間の生と死ということに関連する問題ですけれども、内容は車の話です。まずは本文を読んでみましょう。

無門関第八則
奚仲造車《けいちゅうぞうしゃ》

月庵和尚《げったんおしょう》、僧《そう》に問《と》う。奚仲車《けいちゅうくるま》を造《つく》ること一百輻《いっぴゃくふく》。両頭《りょうとう》を拈却《ねんきゃく》し、軸《じく》を去却《こきゃく》して、甚麼辺《なにへん》の事《じ》をか明《あき》らむ。
無門曰《むもんいわ》く、若《も》し也《ま》た直下《じきげ》に明《あき》らめ得《え》ば、眼《まなこ》流星《りゅうせい》に似《に》、機掣電《きせいでん》の如《ごと》くならん。
頌《じゅ》に曰《いわ》く、
機輪転《きりんてん》ずる処《ところ》、達者猶迷《たっしゃなおまよ》う。四維上下《しゆいじょうげ》、南北東西《なんぼくとうざい》。

第八則の題は「奚仲造車」となっていますが、この奚仲というのは人名です。夏《か》の時代の人で、車を初めて造ったという伝説が残っています。

月庵和尚《げったんおしょう》、僧《そう》に問《と》う。奚仲車《けいちゅうくるま》を造《つく》ること一百輻《いっぴゃくふく》。両頭《りょうとう》を拈却《ねんきゃく》し、軸《じく》を去却《こきゃく》して、

甚麼《なに》辺《へん》の事《じ》をか明《あき》らむ。

（《月庵和尚が僧に問うた。》）（車の発明者と伝えられる）奚仲は、百輻の車をこしらえたが、左右の車輪を取り除き、軸を取り外してしまった。さて、何を明かしたのだろうか）

月庵和尚は月庵善果といって、西暦一〇七九年から一一五二年まで、つまり十一世紀末から十二世紀にかけて活躍された禅僧です。前回出てまいりました五祖法演《ごそほうえん》のお弟子が開福道寧《かいふくどうねい》、そのお弟子が月庵善果です。さらに下ると、月庵善果のお弟子が大洪祖証、そのお弟子が月林師観《げつりんしかん》、そして無門慧開《むもんえかい》と続きます。ですから『無門関』を書いた無門慧開禅師にしてみれば、お師匠さんのお師匠さんの、もう一つお師匠さんというところに当たります。無門慧開禅師からは百年ほど前に遡《さかのぼ》った時代に生きた方です。

この月庵和尚が問題を出しました。奚仲は、今申し上げましたように車を発明したと伝えられる伝説の方で、百輻の車をこしらえたとされています。「輻」というのは、車輪の轂《こしき》（中心部、ハブ）と外周（リム）の間を支える木のことをいいます。今風の言葉で言えば「スポーク」ということになるでしょうか。

ここに「一百輻」とあるのは、百台の車を造ったという意味に昔から解釈されています。「両頭」というのは車の両輪です。車の左右の両輪を取り除き、軸を外してしまったら、さあ何になるだろうかという問題を出したのです。車というのは軸があって両輪があるから車なんです。それに台を付けたり様々なものを乗せたりするのでしょう。けれども、両方の車輪を取り除いて、軸も取り除いてしまったならば、さて車はどうなるか。これが私どものやっている禅問答というものなのです。

無門曰《むもんいわ》く、若《も》し也《ま》た直下《じきげ》に明《あき》らめ得《え》ば、眼《まなこ》流星《りゅうせい》に似《に》、機掣電《きせいでん》の如《ごと》くならん。

（《無門は言った。》もしすぐさま会得《えとく》することができるのであれば、眼は流星のようで、機は電光のようだ）

その問題について無門慧開禅師が評を書きました。輪っかを取り外して軸も取り除いたら車はどうなるか。常識的に考えたら何も残りません。無くなってしまいます。でも、敢《あ》えてそこで車はどうなるか、車はどこにいったのかと聞かれたときに、その答えがはっとすぐにわかることができたならば、眼は流星のようで機は電光のようだ、と。

「流星」「掣電」は、示唆《しさ》された真理を一瞬で見抜く俊敏な働きの喩《たと》えです。眼は流れ星のように鋭く、素早い。働きは稲光のように一瞬にして物事を見抜いていくことができるというわけです。

頌《じゅ》に曰《いわ》く、

機輪転《きりんてん》ずる処《ところ》、達者猶迷《たっしゃなおまよ》う。四維上下《しゆいじょうげ》、南北東西《なんぼくとうざい》。

（《頌に曰く、》）機輪が回転する処では、仏法に通達した人であってもなお迷う。上に下に、四方八方）

機輪が回転するところ、つまり車がころころと回転しているところでは車がどこに行くのか、どんなに道理に明るい人であってもなお迷ってしまう、と。この「四維上下、南北東西」というのは、上に下に四方八方に車というものが自由自在に活動している様子を表しています。上に下に、南北東西、四方八方、自由自在に走り回っているということです。

「酒樽のひとりころがる　楽しさよ」という私が大変好きな俳句があります。これは静岡県三島市の龍澤寺というところに住された中川宋淵《そうえん》老師の俳句です。酒樽が転がっていくと、ああいう形ですから今風の言葉で言うとランダムに転がっていきます。

法則性がありません。どこへどう転がっていくのか全くわかりません。でも、転々と自由自在に転がっていく。そういう動き・働き・動性というところに人間の本質とか命というものがあるのだろうと思います。

この月庵和尚の問題は、そうした生と死の問題を問うています。人間の身体をバラバラにしたら何が残るのか。人間の体は手があり脚があり目があり耳があり鼻があり と、一つひとつを見れば確かに部品といっていいでしょう。でも、部品だけをくっつければ人間になるかというと、これは違います。人間はそこに生命というものが宿っているわけです。

では、その生命とはなんであるのか。人間の本質である生命とはなんであるのかというと、それはこの動性であろうと思います。動き、活動している。特定の限定されたところではなくて自由自在に動き回るというのが人間の本質であり生命というものです。

姿かたちを見ることもできないし、文字に表すこともできないけれども、何か生き生きとしたものがある。それを臨済禅師は「無位《むい》の真人《しんにん》」というふうに言ったのだろうと思います。そういう生き生きしたものが人間の生命の本質としてある。それがこの体を通して動いているのだ、と。

では、車というものはどうでしょうか。車の命というとちょっと難しい話になりますけれど、車の命なるものがあったとして、それが車の輪っかや軸を通して働いているわけです。それと同じように、私たち人間も、この肉体を通して心や命という人間としての本質が働いているというのです。

確か『臨済録』のセミナーで、命というのは電池のようなものだという話をしました。しかし、それは電池のように形があるわけではありませんし、いろんなところに働いていきます。その自由さというものを中川宋淵老師は「酒樽のひとりころがる楽しさよ」と詠んだのではないでしょうか。

頌に「達者猶迷う」という言葉がありましたように、その自由自在に働いていくところは理論化しようとしても表しきれない、追いかけきれないものです。そういうものが上に下に、南北東西に、自由自在に動いている。そういう自由自在に動き得る生命体・活動体がこの私たちの肉体を通して働いているという感覚です。命なり、心なり、臨済禅師の言う無位の真人なりが、私たちのこの体を動かして活動している。だから、体を取り除いたならば、その目に見ることのできない一つの生き生きとした活動性のみがある。この頌はそういうところを謳っているのです。

●生死の問題はご縁に任せるしかない

良寛《りょうかん》の漢詩を紹介したいと思います。

我生何処来　我《わ》が生《しょう》何処《いずこ》より来《き》たり
去而何処之　去《さ》って何処《いずこ》にか之《ゆ》く
独坐蓬窓下　独《ひと》り蓬窓《ほうそう》の下《もと》に坐《ざ》して
兀兀静尋思　兀々《ごつごつ》静《しず》かに尋思《じんし》す
尋思不知始　尋思《じんし》するも始《はじ》めを知《し》らず
焉能知其終　焉《いずくん》ぞ能《よ》く其《そ》の終《お》わりを知《し》らん
現在亦復然　現在亦復然《またまたしか》り
展転総是空　展転《てんてん》総《すべ》て是《こ》れ空《くう》
空中且有我　空中《くうちゅう》且《しばら》く我《われ》有《あ》り
況有是与非　況《いわん》や是《ぜ》と非《ひ》有《あ》らんや

不知容些子　些子《しゃし》を容《い》るるを知《し》らず
随縁且従容　縁《えん》に随《したが》って且《まさ》に従容《しょうよう》

一聯《いちれん》ずつ読んでみましょう。

「我《わ》が生《しょう》何処《いずこ》より来《き》たり　去《さ》って何処《いずこ》にか之《ゆ》く」
（自分の命はどこから来たのか。死んでどこに行くのであろうか）

この間、ある若いお坊さんがこんなことを言っていました。「生まれる前と死んだ後は同じだと思う。生まれる前の世界に死んだ後は帰っていく。ならば、人間が生きている間はひとときのお祭りみたいなものではないか」と。お祭りのときに御輿《みこし》を担いでワッショイワッショイとやる。終わったらその御輿を元のところに戻す。それだけのことですね。だから祭りの間は精一杯楽しく一生懸命御輿を担いで、また元のところに帰るのだ、と。

「生寄死帰《せいきしき》」という有名な言葉が『淮南子《えなんじ》』にあります。「生は寄なり、死は帰なり」と言いますが、「生は寄なり」とは、生まれるということは仮にこの世に身を寄せるだけであるということです。そして「死は帰なり」とは、帰るということです。死は帰ることである。では、どこに帰るのでありましょうか。

「**独《ひと》り蓬窓《ほうそう》の下《もと》に坐《ざ》して　兀々《ごつごつ》静《しず》かに尋思《じんし》す**」

（独り窓の下に座って、動かずに、静かに、自分はどこから生まれてきてどこへ帰るのであろうかと考えてみる）

「**尋思《じんし》するも始《はじ》めを知《し》らず　焉《いず》ぞ能《よ》く其《そ》の終《お》わりを知《し》らん**」

（考えに考えてみるけれども、いつ始まるかはわからない。いつ始まるかがわからなければ、どうして終わるのかもまたわからない）

「**現在亦復然《またまたしか》り　展転総《てんてんすべ》て是《こ》れ空《くう》**」

（この今はどうなのかというと、それもよくわからない。今と思ったらもう今は過ぎていっている。その移り変わりの様子はすべて空である）

この「空」にはいろんな意味があります。一つには「捉えようがない、言語化しようがない」ということ。その言語化しようがないということを、先に挙げた尺八の演奏家と対談して感じました。そのとき、私はお経を読むしか能がありませんからお経を上げました。彼は尺八の演奏家ですから尺八を演奏してくれるわけですね。

私は普段、音楽や楽器というものに全く縁のない暮らしをしておりますし、素養もございません。ですから、尺八のような高尚な音楽を聴いてもたぶんわからないと思いました。聴いても無駄だと思ったのですけれど、しかし対談ですから、聴かないわけにはいきません。演奏が終わって対談となれば、「今の演奏を聴いていかがでした？」というような話になるでしょう。なんと言えばいいのか、食レポではありませんが、何か言葉にしなければいけないだろう、どういうふうに表現しようかと思いながら一生懸命聴いていました。

ところが、その音を言葉で表現しようとすると、とたんにすり抜けていくのです。それでもなんとか言語化しようと思って努力していると、また尺八の音色は言語化しようという行いをすり抜けていきました。そういうことを繰り返していくうちに、これはもう言語化しようがないなと思いました。だから諦めて、ただその音だけを聴いていました。すると、だんだん自分とその音とが一つになって、音と一緒に自分が空中に漂っているような感覚に浸っていきました。大変気持ちのいい感覚でした。

坐禅をするときに静かに坐れるようになるには時間がかかりますが、彼の演奏がよかったのか、尺八の音色をずっと聴いているうちに言語化や思考の回路から離れることができました。それで気がついたら終わってしまっていたのです。

そのとき私の頭は空っぽになっていましたから、これはしまったと思いました。この後に何か言わなければいけないのに言葉にならないのです。「いかがでしたか」と言われて、私は「いや、言葉になりません」と答えました。そして、言葉にならないというのがどういう感じであったのかということをお話ししました。

対談というのは楽なようで結構大変なものです。自分が一人で喋《しゃべ》るのならば自分の予定どおりにいきますけれど、相手がありますからそうはいきません。私もボヤっとしているように見えて、さりげなく時計を見ながら、このへんでこういう話に切り換えようとか、この話でいくとよくないからこっちの話に誘導して、あと何分だからこの話に持っていって、最後は二人でこういう結論に導いて対談の落としどころを決めなければいけないというようなことを、対談の間に考えています。

そのために対談する相手の人の資料を読み込んで、どのように構成して引き出して終わるかというのをずっと考えるのですけれども、先日はその思考の回路が止まってしまったものですから何も考えずにやりました。でも、うまくいったんですね。

そういう何も考えない、何も捉えようとしない、捉えられない。まるでこの広い空中を自由に飛んでいるという感じ。それが第八則の最後の頌《じゅ》の「機輪転ずる処、達者猶迷う。四維上下、南北東西」というような言葉にもつながるのだろうと思います。

「空中《くうちゅう》且《しばら》く我《われ》有《あ》り　況《いわん》や是《ぜ》と非《ひ》有《あ》らんや」

（捉えようとすることのできない広い空の中に私というこの体と精神の働きによる現象が表れている。それは空の中の出来事だから是もなければ非もない）

「些子《しゃし》を容《い》るるを知《し》らず　縁《えん》に随《したが》って且《まさ》に従容《しょうよう》」

（ほんの僅かな分別や意識を持ったり言語化することすらも知らない。ご縁に随いながら、ゆったりとしているだけだ）

良寛さんは生と死の問題をこういうふうに謳っておられるのです。

●本来の心には生も死も存在しない——第三十五則「倩女離魂」

続いて第三十五則を見ていきたいと思います。まず読んでみましょう。

無門関第三十五則
倩女離魂《せいじょりこん》

五祖《ごそ》、僧《そう》に問《と》うて云《いわ》く、倩女離魂《せいじょりこん》、那箇《なこ》か是《こ》れ真底《しんてい》。

無門曰《むもんいわ》く、若《も》し者裏《しゃり》に向《むか》って真底《しんてい》を悟《さと》り得《え》ば、便《すなわ》ち知《し》らん、殻《かく》を出《いで》て殻《かく》に入《い》ることは、旅舎《りょしゃ》に宿《しゅく》するが如《ごと》くなるを。

其《そ》れ或《あるい》は未《いま》だ然《しか》らずんば、切《せつ》に乱走《らんそう》すること莫《なか》れ。

驀然《まくねん》として地水火風一散《ちすいかふういっさん》せば、湯《ゆ》に落《お》つる螃蟹《ぼうかい》の七手八脚《しちしゅはっきゃく》なるが如《ごと》くならん。那時《なじ》言《い》うこと莫《なか》れ、道《い》わずと。

頌《じゅ》に曰《いわ》く、

雲月《うんげつ》是《こ》れ同《おな》じ、渓山《けいざん》 各《おのおの》 異《こと》なり。
万福万福《まんぷくまんぷく》、是《こ》れ一《いち》か是《こ》れ二《に》か。

では、意味内容について考察してまいりましょう。

五祖《ごそ》、僧《そう》に問《と》うて云《いわ》く、倩女離魂《せいじょりこん》、那箇《なこ》か是《こ》れ真底《しんてい》。
（《五祖が僧に問うた。》倩女の（体から）魂が離れ出てしまった、さてどちらが本物だろうか）

「倩女」は「せんじょ」と読む場合もあります。私は古い文献の読み方を参考にして「せいじょ」と読んでおります。

この「五祖」ですが、禅の語録では二人の五祖が出てきます。五祖弘忍《ぐにん》禅師と五祖法演《ほうえん》禅師です。今回は五祖法演禅師の話です。この人はもともと唯識《ゆいしき》という仏教学を学んでいました。その後に仏心宗、つまり禅の教えに転向しました。前回もお話ししたように、最初は円照宗本禅師という方について修行して、続いて浮山法遠《ふざんほうおん》禅師について参禅をしました。浮山法遠は「法遠去らず」という禅語として伝えられている禅僧です。五祖法演禅師はその方と縁がありまして、後に白雲守端《はくうんしゅたん》禅師について教えを受け継いだという人です。

その五祖法演禅師が修行僧に「倩女の体から魂が離れ出てしまった。さてどちらが本物だろうか」と聞きました。これは唐代の伝記小説『離魂記《りこんき》』という書物の中にある話を引用しています。『離魂記』の文章をちょっと紹介いたしましょう。

張鎰《ちょういつ》という人がいました。その人には倩女、お倩さんという類《たぐい》まれな美しいお嬢さんがいました。また、張鎰の親戚筋にあたる王宙という非常に見目麗《みめうるわ》しい男性がいました。張鎰は王宙に対して、「あなたは大きくなったならばうちの娘を奥さんにしなさい」と言いました。ですから、倩女と王宙は小さい頃から許婚《いいなずけ》のような間柄であったのです。

ところが、父親の張鎰は、そんな約束を忘れてしまったのか、娘が大きくなって「お嬢さんをお嫁にほしい」という官僚が現れると、その人との縁談を進めてしまいました。この時代は、結婚は本人の意志というより親が決めていた時代です。

お倩さんも王宙も一緒になると思い続けていましたが、王宙は「これはどうすることもできない」と諦めて、ある夜、船に乗って旅立とうとします。そのときに暗闇の中を誰かがやってくる気配がしました。誰かと思ったら愛しいお倩さんでした。王宙は喜びました。それで二人で愛の道を選ぶのです。いわゆる駆け落ちです。

二人は蜀《しょく》の国に行って暮らすようになり、子どももできました。でも、お倩さんは故郷に置いてきたお父さんが心配でした。親不孝をして遠くまで駆け落ちをして来てしまったけれどもお父さんは故郷で今どうしているかしら、と心配しました。今であれば電話でもメールでも簡単に連絡できますが、そんなものはない時代です。王宙は倩女に「心配するな。私が様子を見に行こう」と言います。するとお倩さんは「私も一緒に行きます」と言って一緒に船に乗って故郷に行くことになりました。

故郷にやって来ると、お父さんが激昂《げっこう》しているという噂が耳に入ってきました。そこで王宙は「まず私が行ってお詫びをしよう」と言いました。お倩さんは実の娘ですから、すぐにも会って親不孝を詫びたいと気持ちでしたけれど、王宙は「ちょっと待っていなさい」と、お倩さんを船に置いておいて一人で張鎰の家を尋ねていきました。

王宙は張鎰と顔を合わせるなり、「誠に申し訳ないことをしました。でも、今はあなたのお嬢さんと二人で暮らしていて、子どももできました」と言いました。すると張鎰は驚いた顔をして「お前さん、いったいどこの娘の話をしているんだ」と言いました。王宙は怪訝《けげん》そうに「あなたの大切なお嬢様のお倩さんのことでございますよ」と言うと、張鎰は「倩はお前が船で行ってしまってから奥の部屋で寝たきりになっているよ。いったいお前は誰の話をしているんだ」と再度尋ねました。

今度は王宙が驚く番です。「いや、お父さん、待ってください。お倩さんはあれからずっと私と一緒にいて、今も船の中で待っているんですよ」。それを聞いた張鎰は「そんな馬鹿なことはない」と言って、家の使用人に「ちょっと船まで行って見て来い」と命じます。急いで船に行って戻ってきた使用人は「確かにお嬢さんが船の中にいました」と報告しました。

その話が奥の寝たきりの女性の耳に入りました。女性は立ち上がって玄関のほうに出てきました。船に乗っていたお倩さんもなかなか王宙が帰ってこないので心配になって、船から下りて家までやって来ました。そして、玄関の扉の所で、寝たきりだった女性と船からやってきた女性が一つになったのです。

五祖法演禅師はこの話を取り上げて、どちらが本当のお倩さんなのかと問うているのです。ずうっと寝たきりでいたお倩さんが本当なのか、二人で駆け落ちして手と手を取り合って幸せに暮らして子どもまでつくったお倩さんが本当のお倩さんなのか、どちらが本当か、と。これが禅の問答になるわけです。

なかなか難しい問題です。これは理想と現実というものを問うています。現実はなかなか思うようにはいきません。でも、それを我慢して鬱々《うつうつ》としながら毎日暮らすのがいいのか。それとも理想の姿を求めて、二人で手と手を取り合って愛の暮らしをするのがいいのか。果たしてどちらがいいのかという問題です。
家で寝込んでいたお倩さんは言いました。「自分は家にいて王宙さんのことを恨みに思っていました」と。しかしながら、一緒に暮らしていたお倩さんは、「あたふたと夢中になって王宙さんの船に乗ったのです」と言いました。どちらが本当であろうかというような話が、当時の伝奇小説としてあったそうです。さあ、どちらのお倩さんが本当のお倩さんでしょうか。

●旅籠から旅籠へ移るように自由自在に旅をする魂

この問題に対して無門慧開禅師が批評を書いています。

無門曰《むもんいわ》く、若《も》し者裏《しゃり》に向《む》かって真底《しんてい》を悟《さと》り得《え》ば、便《すなわ》ち知《し》らん、殻《かく》を出《いで》て殻《かく》に入《い》ることは、旅舎《りょしゃ》に宿《しゅく》するが如《ごと》くなるを。其《そ》れ或《あるい》は未《いま》だ然《しか》らずんば、切《せっ》に乱走《らんそう》すること莫《なか》れ。

《無門は言った。》ここで本物を悟ることができれば、体から出て体に入るのは、旅籠《はたご》に泊まるようなものであると分かるだろう。もし分からなければ、くれぐれも無茶苦茶に走りもとめたりしないように〉

「若し者裏に向って真底を悟り得ば」というのは、「どちらが本物のお倩さんなのかを悟り得ることができたならば」ということ。「殻を出て殻に入ることは、旅舎に宿するが如くなるを」とは、「魂が体から抜け出てまた体に戻るということは、旅人が旅をしていて旅籠《はたご》から旅籠に移るようなものではないか」ということです。それぐらい自由自在なのではないかと言っているのです。

しかし、「其れ或は未だ然らずんば、切に乱走すること莫れ」、つまり「もしどちらが本当であるかわからないようであるならば、くれぐれも無茶苦茶に走りもとめたりはしないようにしなさい」と。

先ほどの中川宋淵老師のお師匠さんである山本玄峰《げんぽう》老師がお亡くなりになるときの話を伺ったことがあります。玄峰老師はずっとお元気でしっかりしたまま亡くなったのですが、その最後のときに突然起き出して、お酒一杯召し上がって、お傍の人に「旅に出る。着物を用意しろ」と言って息を引き取ったというんです。その方が言っておりましたけれども、まさにこれからちょっと旅に出るような身軽さで息を引き取られたということでした。

魂が体から抜け出てどこへ行くのかはわかりませんが、それはあたかも旅から旅をする人が旅籠を出てまた別の旅籠に泊まるようなものだという表現は、この玄峰老師の話を思い起こさせます。

驀然《まくねん》として地水火風《ちすいかふう》一散《いっさん》せば、湯《ゆ》に落《お》つる螃蟹《ぼうかい》の七手八脚《しちしゅはっきゃく》なるが如《ごと》くならん。那時《なじ》言《い》うこと莫《なか》れ、道《い》わずと。

（《突然、》体を構成する四要素（地水火風）が散じた時、熱湯に放り込まれたカニのようにじたばたするのがオチである。そのときに「（和尚様はこんなことになるなんて）言わなかった」などと（恨み言を）言ってはならぬぞ）

「驀然」というのは「突然」ということ。「地水火風」というのは体を構成する要素で、昔は私たちの肉体はこの四つから成り立っていると考えられていました。

「地」というのは固体で、この肉体のことを言っています。肉・骨・皮膚・髪の毛といった物質のことです。

「水」は液体ですから、血液・体液といったものが水の要素になります。

「火」とは体温です。人間が生きているということは必ず熱を持っています。死ぬと冷たくなります。体温があるというのが「火」の要素です。

「風」はいろんな解釈がありますが、おおざっぱに言うと、呼吸のことです。人間の体には空気が常に出入りしています。「風」とは生命の活動の様子を示しているのです。活動のエネルギーと言ってもいいと思います。

こういう「地水火風」という四つの元素が調《ととの》って人間は生きているというわけです。ですから、病気になることを「四大不調」と言います。人間が病気になるのはこの四つの元素が調わない状況を言います。また「四大分離」というのは死ぬことを言います。四つの元素がバラバラになって離れてしまうということです。

「地水火風一散せば」というのは、死ぬときのことです。体を構成する四つの構成要素が散じてバラバラになったときには、「湯に落つる螃蟹の七手八脚なるが如くならん」熱湯に放り込まれた蟹《かに》のようにじたばたするのがオチである、と。何を言っているかといえば、あらかじめ死という問題を考えておかないと、いざというときにジタバタともがくようなことになってしまうぞと言っているのです。

「那時言うこと莫れ、道わずと」そのときになって「和尚様はこんなことになるなんて言わなかった」などと恨み言を言っても手遅れだぞ、というわけです。

頌《じゅ》に曰《いわ》く、
雲月《うんげつ》是《こ》れ同《おな》じ、渓山《けいざん》各《おのおの》異《こと》なり。
万福万福《まんぷくまんぷく》、是《こ》れ一《いち》か是《こ》れ二《に》か。

（《頌に曰く、》雲月は同じだが、渓山はそれぞれ異なる。ごきげんよう、ごきげんよう。一つなのか、二つなのか）

空にある雲や月はずっと変わりません。変わるのは地上の景色だけです。我々人間もお互い体を持った生命体・活動体としては変化をしていくのでしょうけれど、心そのもの――それを私たちは「仏心」というような言葉で表現しますが、この仏心は変わらない。それはあたかも天に輝いているお月様や太陽のようなものだ、というわけです。

地上の景色は移り変わっていくけれども、それを照らしている太陽は変わらないように、私たちの体は絶えず移り変わって、やがてはこの体を捨ててどこかに行くのでしょうけれど、その本質は変わることはないということを言っているのです。

「万福万福」というのは「ごきげんよう、ごきげんよう」という挨拶の言葉です。「是れ一か是れ二か」は、「一つなのか二つなのか」という問いかけです。倩女は一人なのか二人なのか。本物は現実に苦しんでいる自分なのか、理想に燃えて生きる自分なのか。これは人間の本質とはなんであるのかという問いかけです。

そんな人間の本質、心の本質というものを五祖法演禅師は「投機の偈《げ》」という悟りを開いたときの詩に詠んでいます。

山前一片の閑田地、
叉手叮嚀《しゃしゅていねい》祖翁に問う。
幾度か売り来って還《ま》た自ら買う、
為に憐む、松竹の清風を引くを。

「**山前一片の閑田地**」

寺の前に一つの田んぼがある。「閑田地」というのは、特定の持ち主がいない誰のものかわからない広い田んぼのことです。それは私たちの心のことを指しています。

「叉手叮嚀祖翁に問う」

「叉手」は中国人の挨拶の仕方で、手を前に組んでお辞儀をする挨拶を言います。手を前に組み合わせて丁寧に何度も、「この土地はどなたの土地でありましょうか」と言って村の人に質問をする。

「幾度か売り来って還た自ら買う」

ところが誰のものかわからないんです。何度も何度も自分で売ったり買ったりを繰り返した結果、この田んぼの持ち主は誰もいないということがわかります。持ち主が誰もいないとわかると、それは同時に自分のものであるということもできるでしょう。

「為に憐む、松竹の清風を引くを」

そしてようやくこの広い田んぼで、自分は松や竹の間を吹いてくる清らかな風をしみじみと味わうことができるようになった、というのです。

本来の広い心には生もなければ死もありません。それが人間の本質なのです。生まれることもなければ死ぬこともないという人間の心の広さに目覚めたならば、なんとも言えない涼やかな風を感じて、ゆったりと寛《くつろ》ぐことができるという詩です。

●私たちの命は永遠に生き通している――第四十七則「兜率三関」

では、本日の最後に一番の問題である第四十七則「兜率三関《とそつさんかん》」を取り上げていきましょう。これはまさしく人間の生死の一大事そのものをずばりと問うている問題です。

無門関第四十七則
兜率三関《とそつさんかん》

兜率悦和尚《とそつえつおしょう》、三関《さんかん》を設《もう》けて学者《がくしゃ》に問《と》う、撥草参玄《はっそうさんげん》は只《た》だ見性《けんしょう》を図《はか》る。即今上人《そっこんしょうにん》の性《しょう》、甚《いず》れの処《ところ》にか在《あ》る。自性《じしょう》を識得《しきとく》すれば方《まさ》に生死《しょうじ》を脱《だっ》す。眼光落《がんこうお》つる時《とき》、作麼生《そもさん》か脱《だっ》せん。生死《しょうじ》を脱得《だっとく》すれば便《すなわ》ち去処《きょしょ》を知《し》る。四大分離《しだいぶんり》して甚《いず》れの処《ところ》に向《むか》ってか去《さ》る。

無門曰《むもんいわ》く、若《も》し能《よ》く此《こ》の三転語《さんてんご》を下《くだ》し得《え》ば、便《すなわ》ち以《も》って随処《ずいしょ》に主《しゅ》と作《な》り、縁《えん》に遇《あ》うて宗《しゅう》に即《そく》すべし。其《そ》れ或《ある》いは未《いま》だ然《しか》らずんば、麁餐《そさん》は飽《あ》き易《やす》く細嚼《さいしゃく》は飢《う》え難《がた》し。

頌《じゅ》に曰《いわ》く、
一念《いちねん》普《あまね》く観《かん》ず無量劫《むりょうごう》、
無量劫の事即ち如今《にょこん》。
如今《にょこん》箇の一念を覰破《しょは》すれば、
如今《にょこん》覰《み》る底《てい》の人を覰破《しょは》す。

まず初めに兜率従悦和尚が問題を出します。西暦でいうと十一世紀頃に活躍した方で、真浄克文禅師という方のお弟子です。

兜率悦《とそつえつ》和尚《おしょう》、三関《さんかん》を設《もう》けて学者《がくしゃ》に問《と》う、撥草参玄《はっそうさんげん》は只《た》だ見性《けんしょう》を図《はか》る。即今上人《そっこんしょうにん》の性《しょう》、甚《いず》れの処《ところ》にか在《あ》る。

(《兜率従悦和尚が三つの問題を設けて修行者に問うた。》草を払って玄理を参究するのは、ひとえに自性を看てとらんがため。ではそなた、その自性はどこにあるのか)

「三関」というのは「三つの問題」です。「学者」は今の学者とは全然意味が違います。大学で研究をしている立派な先生に尋ねたという意味ではありません。この「学者」は「仏道を学ぶ者」ですから、修行者です。道を学んでいる者という意味です。したがって、ここは「兜率従悦和尚が仏道を修行している修行者たちに三つの問題を投げかけた」ということになります。

その第一問目は「撥草参玄」草の根を掻《か》き分けて旅をして玄、つまり奥深い真理を求めようとしているのは、ひとえに「自性」自分自身の本性を看てとらんがためであるけれども、「即今上人の性、甚れの処にか在る」あなた自身の本質はどこにあるのか、という問いです。

これは月庵和尚が「車の両方の輪を取り除き、軸も取り除いたときに車の本質は何か」と問うたのと同じことです。これについては、強《し》いて言葉で表現すれば、自由自在に走り回っているその動性、アクティビティこそが車の本質だと言えましょう。あるいは五祖法演禅師が「愛する人を思って布団の中で臥《ふ》せっているお倩さんが本当か、愛する人と一緒になって幸せな暮らしを送っているお倩さんが本当か。お倩さんの本質は何か」と問うたのも同じことです。

我々は自分自身の本質を見るために真理を求めようとするのですが、「では、あなた自身の本質は今どこにあるのか」と聞いているのです。それはこの体の中にあると思うかもしれません。でも、本当に体の中だけにあるのでしょうか。

我々は自己と非自己を皮膚を境にして区別するのでしょう。皮膚の内側が自己であって、皮膚の外側は自己ではないというふうに区別していると思います。けれども、人間の心とか記憶というのはいったいどこにあるのでしょうか。これはいまだによくわからないそうです。

記憶というのは全部この脳の中にあるのかというと、そうとも言えないそうです。では、記憶や様々な物語はいったいどこにあるのか。いろいろな説があります。嘘かホントかはわかりませんけれど、どこかこの空中にあるんだという説もあるようです。たとえば今、我々は機械を通して画面の映像を見ていますが、その本質は何かというと電気信号、電波でしょう。では、電波はどこにあるのかというと、機械の中だけにあるわけではありません。その中だけでは成立しません。私が今話していることを皆さんが遠く離れた場所でパソコンなどの画面の中で見ているとき、私が話していることは今どこにあるのでしょうか。それは空中を飛んでいて、それを端末という受信機で皆さんが見ているということでしょうか。

心というものも同じように、この空中を飛んでいるのかもしれません。私たちは目や耳や鼻や舌といった感覚器官という受信機を通じて、目で見たり、耳で聞いたり、鼻で嗅いだり、舌で味わったりしています。そんな私たちの本質はどこにあるのでしょうか。この体の中なのか。いや、体の外にもいっぱいあるのではないでしょうか。この体は単にそれを受信するだけの機械なのかもしれません。電波と同じようなものだと考えるならば、そういってもいいように思います。

私は、この体は受信機でしかないと思います。本質はここにはない。本質は目で見ることも耳で聞くこともできません。私たちは目や耳を通して自分自身の映像を体に再現しているだけなのではないでしょうか。

電波は放送が終わったら消えるでしょうが、我々の本質は、いつ生じるということもなければ、いつ滅するということもありません。不生不滅です。なんら特別の形態を持たないから空なのです。その空の中に私たちは今、自己という映像を見ているということなのです。

自性《じしょう》を識得《しきとく》すれば方《まさ》に生死《しょうじ》を脱《だっ》す。眼光《がんこう》落《お》つる時《とき》、作麼《そも》生《さん》か脱《だっ》せん。

（自性を知ることができて、ようやく生死を脱することができる。では、（そなたの）眼光が落ちる時、いかに脱するのか）

第二問に行きましょう。自性を識得すれば自分自身の本質というものを知ることができて、ようやく生死を脱することができる。つまり、人間が生まれて死ぬという苦しみから脱することができるのです。では、「眼光落つる時」いよいよ息を引き取るときに、どう死ぬことができるのか。こういう問いです。

先にお話しした山本玄峰老師は「自分で死ぬんだ」と言って、最後は断食を始められました。食事を取らなければだんだんと体は弱っていきます。そして、申し上げたように、「よし、旅に出る」と言って息を引き取られました。

白隠禅師も、自分が何日に死ぬということがわかっていたそうです。あの方は八十四歳まで生きられましたけれど、お医者さんが来て脈を診てもらったときに「どうだ？」と聞くと「お元気でなによりでございます。この調子でしたら当分大丈夫です」と言われて、「やぶ医者。三日後に死ぬ人の脈もわからないとは」と医者を叱ったそうです。それから三日後に、本当に亡くなったという話があります。

あるいは大正時代のある禅僧の話ですが、何月何日に死ぬと言っていた通り、その日の晩に具合が悪くなって寝込んでしまった、と。寺の者が慌てて医者を呼んで注射を打ってしまったので、夜中の十二時をほんの数分過ぎてしまってから亡くなった。そのために、死ぬと言って予言した日が一日ずれてしまったという話があります。

化学物質や何かを体に入れないで自然のままにいれば、昔の禅僧方たちのように人間はだいたいいつ頃死ぬということがわかるのかもしれないなという気もします。その最期の死のときをどのように迎えるか、というのが二番目の問いでございます。

生死《しょうじ》を脱得《だっとく》すれば便《すなわ》ち去処《きょしょ》を知《し》る。四大分離《しだいぶんり》して甚《いず》れの処《ところ》に向《む》ってか去《さ》る。

（生死の世界を脱することができれば、行くべき落ちつき所が分かる。では、（そなたの体を構成する）四要素がバラバラになって（死ぬ時）、どこへ行くのか）

第三番目の問いは最大難関であるとも言われます。

まず、生死の世界を脱することができれば「去処」往くべきところ、落ち着き処がわかる、と。『淮南子』の「生は寄なり、死は帰なり」という言葉を紹介しましたけれど、生まれるということはどこから生まれてきたのか、死ぬというのはどこへ帰るのか。その「どこから来たのか」「どこへ帰るのか」ということがわかると言っています。

では、「四大分離」、これも先に言いましたけれど、「地水火風」の四つの構成要素がバラバラになってしまうときには、あなたはどこへ行くのであろうか、と。この問いに対して、「どこどこに行きます」ということを禅問答では答えるのです。

無門慧開禅師の評を読んでみましょう。

無門曰《むもんいわ》く、若《も》し能《よ》く此《こ》の三転語《さんてんご》を下《くだ》し得《え》ば、便《すなわ》ち以《も》って随処《ずいしょ》に主《しゅ》と作《な》り、縁《えん》に遇《あ》うて宗《しゅう》に即《そく》すべし。其《そ》れ或《あ》いは未《いま》だ然《しか》らずんば、麁餐《そさん》は飽《あ》き易《やす》く細嚼《さいしゃく》は飢《う》え難《がた》し。

（《無門は言った。》もしもこの三つの（関門に対して適切な）言葉をつけることができれば、あらゆるところで主人公となり、各種の機縁に応じつつ根本から外れることがないであろう。もしそれができないのであれば、「がつがつ食えば満腹になりやすい（がすぐに餓え）、よく噛んで食べれば餓えにくい」（という通りだ））

「若し能く此の三転を下し得ば」とは、「もしこの三つの問題に対して適切な答えをすることができたならば」「この三つのことを明らかにすることができたならば」という意味です。「この三つ」とは、「あなたの本質はなんであるのか」「死ぬときどのように死んでいくのか」「死んでどこに行くのか」ということ。この三つを明らかにすることができたならば、「随処に主と作り」どんなところであっても主人公となることができる。また「縁に遇うて宗に即す」とは、どんな状況に応じても大本・根本から外れないということです。

宗教という言葉は英語の「religion レリジョン」を訳したもので、今は「宗教」というと「レリジョン」だと言いますけれど、もともとは禅の語録である『碧巌録《へきがんろく》』の中に「宗教」という言葉が出てきます。しかし、それは今で言う宗教という意味ではなくて、大本の教えという意味で使われています。「宗」は大本のことなので、「宗教」は根本の教えという意味になるのです。

レリジョンが宗教となったのは、レリジョンという言葉が西洋から入ってきたときに、それに対応する漢語を探して「宗教」という言葉を当てたからで、本来は「大本の教え」という意味です。ですから「宗に即す」というのは「根本から外れることはない」と言っているわけです。

「其れ或いは未だ然らずんば、麁餐は飽き易く細嚼は飢え難し」と。「麁餐」とはがつがつよく噛まずに食べるということです。よく噛まずに食べると、すぐにお腹が減ってしまいます、と。逆に「細嚼」しっかりよく噛んで食べると、お腹が減りにくい。そのように、この問題についていいかげんにがつがつ飲み込むのではなくて、しっかりよく噛み締めて参究しなければなりませんよ、と言っているのです。

確かに私などもせっかちというのか、食べるときにあまり噛まずに食べてしまいます。これはよくないなと思ってこの頃は少しでも噛むように努力しています。よく噛んで食べたほうが体にはいいですし、そして消化にもいいようです。そのように、こういう大事な問題はいいかげんに済ますのではなくて、しっかりと噛み締めなさいということです。

頌《じゅ》に曰《いわ》く、
一念《いちねん》普《あまね》く観《かん》ず無量劫《むりょうごう》、
無量劫の事即ち如今《にょこん》。
如今《にょこん》箇の一念を覰破《しょは》すれば、
如今《にょこん》覰《み》る底《てい》の人を覰破《しょは》す。

（《頌に曰く、》
一念で無量劫をすべて見る。無量劫の事は、まさしくこの瞬間にある。いまこの一念を看破すれば、今それを看破している人をも看破できる）

最後の頌はまた深い内容です。

まず「一念普く観す無量劫」とあります。「劫」というのは実に長い時間の単位を表しています。「磐石劫《ばんじゃくごう》」という言葉があります。縦横高さが十里四方の巨大な岩があって、そこに百年に一度天女が下りてきて、薄い羽衣《はごろも》の裾《すそ》で石をすっと撫《な》でる。やがてその石が摩滅《まめつ》してなくなるまでの間を「一劫」と言います。あるいは「芥子《けし》劫《ごう》」という言葉があります。これは一辺が十里四方の巨大な枡《ます》があって、その枡にいっぱい芥子粒が入っています。これも同じく百年に一回一粒の芥子粒を取り出して、その芥子粒が全部なくなるまでの時を「一劫」と名づけています。

どのくらいの時間なのか、実際に計算した科学者がいました。その数字を見ましたけれども、10がいくつ付いていたでしょうか。膨大な数でした。とにかく長い時間のことを「劫」と表しました。これは「永遠」と言っているのと同じです。

では、一念で無量劫を見るとはどういうことでしょうか。私たちが今生きていることの一瞬の心の働きは、永遠の命に裏打ちされている一瞬の心の働きです。『生きるって、なに？　死ぬって、なに？』（東京書店）という本の中で、私は海の水と泡の喩えを書きました。私たちの存在というのは、海の波打ち際に浮かんでは消える一つの泡のようなものだと。

泡は一瞬のうちに消えてしまいます。しばらく留まっているように見えても、やがて消えてしまいます。しかし、その本体である海の水は増えることもなければ減ることもなく、変わることはありません。そして、たった一粒の泡も成分は海と同じです。

海と共に生きています。海と一体であるということもできましょう。

私たちの命も、この大自然の長い人類の歴史から見れば、泡が一瞬のうちに浮かんでは消えるような儚《はかな》い存在でありましょう。しかし、一粒の海の泡が海の水と一体であるように、生まれることもなければ死ぬこともない永遠に生き通している命と一つなのです。

「無量劫」というのは、その無量の命を表します。生まれることもなければ死ぬこともない。宇宙が始まって以来永遠に続いていて、途切れることのない命と一つであるということです。「無量劫の事即ち如今」というのは、その無量の命は今ここにいるということです。こういう関係性があります。

無量の命を人格化すると阿弥陀如来《あみだにょらい》というふうに言うことができます。「阿弥陀」というのは無量の命ということです。無量の命が私の命なのだ、と。禅の問答で「阿弥陀さんはいくつか」と聞かれると「私と同じ年です」というふうに答えたりします。私の五十数年の命と阿弥陀の無量の命とが一つである、と。それは海の泡と海とが一つであるというのと同じ感覚です。

「如今箇の一念を覰破すれば」。人間の本質は何であるか、どこから生まれてどこへ行くのかという、今一瞬の自分の心を見つめれば、「覰る底の人を覰破す」今それを見ている人をも見ることができる。これは、その命そのものに気がつくことができるということを言っています。

●大本の命は「不生不滅」

今回の最後に、いろんな人の言葉を紹介しながら、生と死についてまとめてみたいと思います。

今の海と泡の喩えは、朝比奈宗源《あさひなそうげん》老師がよく説かれていました。朝比奈老師は円覚寺の三代前の管長です。私の師匠のそのまた師匠です。

私はこの朝比奈老師の書物に出会って、より一層坐禅の道が確かであると思いました。二歳のときに祖父の死に出会って、その後ずっと人間は死んでどうなるのかと疑問を持っていました。中学生のときに朝比奈老師の本を読みました。するとそこには、四歳のときにお母さんを亡くし、七歳のときにお父さんを亡くした朝比奈老師が、死んだ両親はどこへ行ったかと捜したと書かれていました。それは坐禅をすればわかると言われて、十歳でお坊さんになって坐禅をし、その結論がはっきりした、とも書かれていました。

何がはっきりしたのでしょうか。昔の禅僧は、そんなものは自分で体験しろ、説くことはできないと言いました。その説くことはできないと言ったことを朝比奈老師は「仏心」という言葉を用いて次のように表現されました。

私たちは仏心という広い心の海に浮かぶ泡の如き存在である。生まれたからといって仏心の大海は増えず、死んだからといって、仏心の大海は減らず。私どもは皆仏心の一滴である。

一滴の水を離れて大海はなく、幻の如きはかない命がそのまま永劫不滅の仏心の大生命である。

人は仏心の中に生まれ、仏心の中に生き、仏心の中に息を引き取る。生まれる前も仏心、生きている間も仏心、死んでからも仏心、仏心とは一秒時も離れていない。

生まれたからといって仏心の大海は増えない。死んだからといって仏心の大海は減らない。これを「不生不滅」といいます。本体は不生不滅であり、私どもは皆、仏心の一滴であるというのです。

「一滴を離れて大海はなく、幻の如きはかない命がそのまま永劫不滅の仏心の大生命である」というのは、頌にあった「一念が無量劫である」ということと同じです。そして「人は仏心の中に生まれ、仏心の中に生き、仏心の中に息を引き取る。生まれる前も仏心〔の世界〕、生きている間も仏心〔の世界〕、死んでからも仏心〔の世界〕、仏心とは一秒時も離れていない」と。これが私たちの心の本質であるということです。

では、死ぬときに、どう死んでいったらいいのかということについて、朝比奈老師はこのように表現されています。

「苦しいときには苦しんで苦しんで死んでいきなさい。無理に苦しむまいと努力する必要などは何もないのだから、苦しんで苦しんで死んでゆけばよいのです。生まれるときも自分が生まれたいように生まれてくる人はいないでしょう。同じように死ぬときも自分の思うように死ぬことなど無理な話です」と。これは縁に随《したが》う、波に身を任せなさいということでしょう。

幸いこの頃はペインクリニックという痛みに対する緩和治療がかなり進んでいるといいますので、私などはできればあまり苦しまずにいたほうがいいなあと思いますけれども、でもそれは自分では選べないことです。

●大きな循環でものを見ていくと安らぎが生じる

「倶会一処《くえいっしょ》」という言葉があります。あるいは次のような歌もあります。

行く時は別れ別れに違えども
流れは同じ蓮《はす》の台《うてな》に

「死んだ人と会えるのですか」というようなことを聞かれることがあります。そんなときに、こういう言葉や歌を示すことがあります。そして「必ずまた一緒になることができますよ」と申し上げるのです。人はそのように信じて生きてゆくことができます。

吉野山　ころびても亦《また》　花の中

これは朝比奈老師が「皆、仏心の中に帰るのだ」と言ったことを少し文学的に表現した柳宗悦《むねよし》氏の句です。死というものを考えるときに、こんな見方をすればいいのかなと思うのです。柳宗悦氏はこう語っています。

「いおうとする心は、文字の通りであるが、この暮しが幸いな日々の暮しなのだと分らせて貰うには、きっと幾曲りかの嶮《けわ》しい坂路を通らねばならぬ。考えると、ころびつづけの身ではあるのだが、実はころぶその所が、花の上なのである。立とうが、座ろうが、つまずこうが、倒れようが、どんな時でも処でも、悉《ことごと》くが花の中での出来事に他ならぬ。実は荒涼たる人の世は、万朶《ばんだ》の吉野山であったのである。行くところ、花に受取られる身であったのである」

（柳宗悦『南無阿弥陀仏』岩波文庫）

立花隆さんの『死はこわくない』（文春文庫）という本があります。様々な人の臨死体験の話を通じて、死というものがどういうものかということについて書いた興味深い本です。立花隆さんはいろんな臨死体験をした人の話を聞いて、この自分と世界が一体化するというのが共通の概念だとしています。この本の中に次のような表現があります。

「自分はずうっと落ちていく雪のようなもので、最後に海にポチャンと溶けて自分がなくなってしまう。そして最後に自分は海だったと思い出す」

仏心の海の喩えと似ていますね。泡が消えてもとの海の中に帰っていく、仏心の中に帰っていく。「死ぬというのは夢の世界に入っていくのに近い体験なのだから、いい夢を見ようという気持ちで人間は死んでいくことができるんじゃないか」（立花隆『死はこわくない』文春文庫）と立花隆さんは言っています。

私などは坐禅をして、仏教の立場から死というものについて求めていって、朝比奈宗源老師が言われたような、仏心という大きな海にたとえて私たちはそこに浮かんでいる一滴の泡だという思いに至りました。泡が浮かんだからといって全体が増えることはなく、消えたからといって減ることもないのです。

ただ、ここで大事なのは、泡しか見ていないと苦しみが生じるということです。泡がすべてであると思ってしまうと、その泡が消えてしまうのが恐いのです。でも、その泡の根底は海であるということがわかったならば、そして我々はその海に浮かんだ一滴の泡なのだと気がつけば、恐れや不安は消えると思います。

また、この泡しか見ていなければ競争をします。大きい泡、小さい泡、長く残る泡、すぐ消えてしまう泡というように、泡にもいろいろあります。しかし、その根底には泡を成り立たせている大きな命の海というものがあるのです。そこに意識を持っていけば安心感が生まれ、泡としての自分の一生涯の務めを精一杯果たしていこうというふうに考えて生きていくことができるのではないかと思うのです。

五木寛之先生の『大河の一滴』という本がコロナ禍にありまして見直されています。五木先生は親鸞《しんらん》の教えに詳しく、浄土系の教えから学んでいかれました。私は禅の立場から学んでいきました。立花隆さんはいろんな人の臨死体験の人の話を取材していきましたけれども、結論は同じなのです。

『大河の一滴』の中に次の言葉がありました。

すべての人は大河の一滴として大きな海に還《かえ》り、ふたたび蒸発して空に向かうという大きな生命の物語を信じることにほかならない。

朝比奈老師が「仏心の一滴」と表現されたことを五木先生は「大河の一滴」と言われたのです。そして、再び大きな海に還り、そこから再び蒸発して空に向かうのだという大きな生命の物語として描きました。

空に向かった水蒸気は雲となります。その雲が雨を降らせて大地を潤し、生命を育みます。そして、その生命が一生涯を終えると再び大きな海に還っていく。私たちの命というのは、そういう大きな巡り・循環の中にある一コマ一コマなのだと思います。

今は先行きが見えない不安が大きいと思います。しかし、時にはこういう大きな循環でものを見ていくというのも一つの安らぎになるでしょう。一つの安らぎが根底にあれば、冷静な目で今の自分が置かれている場を見ることができるのではないかと思います。

●死を見つめることによって生が光る

一般の人が歌った辞世の句を集めた『一億人のための辞世の句』（コスモトゥーワン）という本があります。その中で、いい句だなと思ったものを二つほど紹介いたします。この人たちはどういう思いを持ち、どういうことを勉強してきたのか、仏教なのかキリスト教なのか、あるいは宗教とは何も関わりはないのかもしれませんが、いいなと思いました。

一つは「**ちちははの　もとへスキップ　夕映えて**」という句です。たぶん、この方はご両親が亡くなっていらっしゃるのでしょう。子どもは外で遊ぶだけ遊んで夕日が沈めばお父さんとお母さんの待つ家に帰っていきます。それが嬉しくて、楽しそうにスキップをして、「今日の晩ご飯は何かな」などと思いながら家に帰っていく。それと同じように、死ぬということも、あちらの世界で待ってくれているお父さんとお母さんのところへ、夕映えの中、スキップをして帰るようにして行きたいということなのでしょう。

この「ちちははのもと」というものを朝比奈老師は「仏心」と言いました。浄土系の思想であれば、それは阿弥陀如来のもとでしょう。柳宗悦先生は「吉野山の花の中」と言いましたし、五木先生であれば大河の中に還っていくということになるのでしょう。こういうところが共通するところなのでしょう。

もう一つは「**浄土には　待つ人多し　落椿《おちつばき》**」という句です。

この句には、こんな言葉が添えられていました。「父母もなくなり、クラス会ごとに二人、三人と亡くなっているこの頃。いろいろな人が待っていてくれるので、あの世に行くのはだんだん淋しくなくなってきました」。それを「浄土には　待つ人多し落椿」と詠んだのです。なかなか上手く詠《うた》っているなと思いました。あちらの世界には私を待ってくれている人がたくさんいるのだから、その人たちのところへ還っていこうということですね。

死の問題、死んでどこに行くのかというような話をすると気が滅入るように感じる方もおられるかもしれません。でも、今申し上げましたように、人間は根底に自分を支えてくれる死生観というものを持っていれば、それでこそ本当の意味で生きることができるのでしょう。

坂村真民先生の「一度」という詩がございます。

人は一度
死なねばならぬ
日は一度
沈まねばならぬ

光は一度
闇にならねばならぬ
これが宇宙の教えだ
このことがわかれば
大概のことはわかる

（『坂村真民全詩集第三巻』）

死を見つめることによってこそ、生というものが初めて生き生きとしてくるのです。コロナ禍というのは闇のような状態だったと言えるかもしれません。でもこの闇を通してこそ、もう一度本当の意味で光るのだというのです。

もう一つ、坂村真民先生の詩をご紹介しましょう。「流れのなかで」という詩です。

流れのなかで
人は生まれ
人は死す
一瞬もとどまらず
永遠に流れてゆくもの

わたしもまた
その一人
あなたもまた
その一人
でも孤独であってはならない
一つに集まり
一つに溶け合い
流れてゆく
それがわたしの乞い願う
美しい流れ
朝は朝日を浴び
夕は夕日に染まり
語り合い
手を取り合い
流れてゆく
楽しい流れにしてゆこう

（『坂村真民全詩集第四巻』）

死生観という意味で、私はこの「流れのなかで」という詩が大変好きでございます。人類が文明を起こした場所の多くは川のほとりであったといわれます。川というのは交通の要衝にもなりますし、魚をはじめとしてたくさんの生命がおり、作物もできますし、人間の往来も盛んになります。

昔から、人は川を見つめていろんなことを思っていたのでしょう。私も「無常」ということを説明するときには、川を喩えに話をするのが一番わかりやすいと感じています。

川に名前をつけますと、同じ川がそこにあるように思ってしまいますけれども、冷静に考えれば、川の水はずうっと流れていますから一日たりとも同じではありえません。いや、一瞬たりとも同じ川ということはあり得ないんです。言語化することによって、あたかも同じ川がそこにあるように私たちは思い込んでしまいますが、厳密に言えば、川というものは常に移り変わっています。これが本当の意味での「無常」というものです。

私たちの体を構成している四つの構成要素も、実はあの川の流れのように一瞬一瞬ごとにずうっと移り変わっています。年をとるというようなことも、ある日突然老眼になったり、ある日突然シミができたり、ある日突然白髪になったりというのではなくて、徐々にそうなっているのでしょう。それは川の流れのようにですから、厳密に言えば、もう先ほどの自分と今の自分とはかなり入れ替わっている。一瞬一瞬動いていって、移り替わっていく。その変化の中、流れの中で生きているのがお互いであるということなのです。

「ゆく河の流れは絶えずして、しかももとの水にあらず。よどみに浮かぶうたかたは、かつ消えかつ結びて、久しくとどまりたるためしなし。世の中にある人と栖《すみか》と、又かくの如し」と鴨長明《かものちょうめい》は詠いましたけれども、私たちも生命も同じです。命の大きな流れの中の泡のような存在です。

先ほどの詩の中で坂村真民先生はこう言っています。

でも孤独であってはならない
一つに集まり
一つに溶け合い
流れてゆく

それがわたしの乞い願う美しい流れ

その小さな泡の一粒一粒ごとが、それぞれ相関わり合いながら、相肩寄せ合いながら、相出会いながら、様々な出会いと別れを繰り返しながら流れていくのでありましょう。それが私の願う美しい流れなのだと。

流れというものを「無常」という言葉で考えますと、どうしても悲観的にものを見てしまいます。でも、これには悲観とか楽観とかという価値判断はありません。ただ流れていくだけです。

コロナ禍も大変な問題でありましたけれども、その変化があまりにも急で大きかったというだけのことであって、長い人類の歴史の中ではこういうことは幾度も経験してきているのでしょう。ただお互いの人生の中では初めてのパンデミックだったものですから、大変だ、大変だと思っただけのことではないだろうかと思います。

ですから、その流れに従って、流れに身を任せて生きていこうという気持ちを持つことです。

●思いが人生・人格をつくっていく

最後に一つ、禅僧の言葉を挙げて終わりたいと思います。先だって千葉県のとあるお寺の和尚さんのお葬式がございました。そのお葬式をお勤めするのに出かけてまいりました。そこのお寺の亡くなった和尚さんは、栃木県那須塩原にある雲巌寺に住された植木憲道老師に幼い頃からお傍にお仕えをして修行していたという話を聞いていました。

ＴＫＣという税理士の大きな組織の創業者である飯塚毅さんが参禅をしたのがこの植木憲道老師です。そんな参禅の体験からＴＫＣは「自利とは利他なり」を会社のモットーにしています。自分が利益を得る。自分のためにするということは、それは人のために尽くしてこそ初めて自分のためになる。「自利とは利他なり」という言葉を大事にしている会社です。

飯塚毅さんは円覚寺の塔頭《たっちゅう》にお墓があるものですから、飯塚家の方とは今でも懇意にしております。ＴＫＣの坐禅会なんかも継続してやっております。その飯塚さんが心酔したのが植木憲道老師でございました。九十七歳まで長生きをした方ですが、その辞世の言葉があります。

是《ぜ》と論じ非と説く、
九十七年近くお別れする、
ありがとう、ありがとう、
みなさんによろしく。

私などもこういう言葉を残して逝《い》きたいと思います。

いいことも論じたし、悪いことも論じた。人間世界の是と非はもうことごとく論じた。いいことも悪いことも、いろんなことがあった九十七年であった。でも近くお別れをする。ありがとう、ありがとう、みなさんによろしく、と。

亡くなるギリギリのときに書いたのでしょう。読みにくい、ぶるぶる震えるような手で書いた書がそのお寺の本堂にずっと掲げられておりました。

そしてもう一枚の辞世の言葉がその隣りにありました。

死に直面して
一つ、もっと親切でありたい
一つ、もっと正直でありたい
一つ、もっと真面目でありたい
一つ、もっと寛容でありたい

これはもっと震える手で書いていましたから判読するのに少し時間がかかりましたけれども、読めた瞬間に背筋の凍る思いをしました。植木憲道老師は京都の妙心寺で十数年も修行して、雲巌寺という名刹《めいさつ》の老師になられて、地元の人たちからはまるで生き仏のように慕われた禅僧の理想のような生き方をした人です。

しかも「ありがとう、ありがとう、みなさんによろしく」というような辞世の言葉を残すような人が、最後まで自分自身を向上させようと思っていたのです。

このうち「正直」と「真面目」は自分自身のことですけれども、「親切でありたい」と「寛容でありたい」ということは、自分と他者との関わりです。ここから見ても、禅というものは自分自身の完成で終わるものではなくて、絶えず他者との関わり合いにおいて成り立つものであるということが改めて言えると思いました。

そして植木老師があれほど慕われたということは、生涯かけて、死の最後のときまでも、「もっと親切でありたい、もっと正直でありたい、もっと真面目でありたい、もっと寛容でありたい」という思いを貫いていたからこそでしょう。それがためにあいう人格になったのであるなあと思いました。

まさしく人間は、この思いが自分の人生、自分の人格を作っていくものなのだと思います。自分の一生はこれでいいのだというような楽々とした言葉を残すのではなくて、最後まで向上を目指していこうと願いながら死んでいくという植木老師のこの言葉には大変胸を打たれました。同時に、私ももっと精進しなければならないと思ったのです。

第五講

理想を掲げて現実を生きる

●無意識の領野にすべての情報・記憶が蓄積されている

前回の講義を受けてご質問をいただいております。その中に、心と意識の問題についてのご質問がございました。私たちが意識している心とは別に無意識の心というものがあるわけですけれども、これが大きな意味を持つのでしょうかというご質問です。その通りだと思います。私も無意識の分野というものには非常に関心があります。今はだいぶいろいろなことがわかってきておりますが、無意識の部分にこそ仏の心の本質があるのではないかと私は思っています。

といいますのは、昔の禅僧方が仏の心とはどういうものかと説明するときに、まさしく無意識の心を説いているのです。今日こうして皆さんが私の話を聴こうと思って聴いているのは、意識的な働きです。でも、外でカラスが鳴いたり犬が吠えたり何か物音がすると、全《まった》くそれを聴こうとしなくても私たちはちゃんと聴いています。これは無意識の働きなのです。それが仏の心だと江戸時代の盤珪《ばんけい》という禅僧が説明しています。

慶應義塾大学の前野隆司先生とはご縁があって、大学院の授業で講義をさせてもらったことがあります。前野先生は無意識の研究家です。たとえば、今、私がお茶を飲もうと思って湯呑みを持つ。これは意識の働きですが、前野先生によると、お茶を飲もうとする意識の働きのほんの僅か前に無意識の部分で湯呑みを取ろうとしているのだそうです。意識は後で、無意識が先に動いているというのです。そこに仏の心が働いているのではないのかと私は思っています。

心の研究は、仏教の中でも唯識《ゆいしき》という専門の分野があります。私は唯識までは専門に学ばなかったので十分な説明はできませんが、仏教では人間の活動を六識で説きます。目で見る、耳で聞く、鼻で匂いを嗅ぐ、舌で味わう、体に触れる、それからもう一つは意識で考える・思うという六つです。この六識が意識の世界です。

そして、その根底には自我意識というものが働いているというのです。見たり聞いたりすることには、すべて私たちの自我意識が働いている、だから、ものを見るにしても平等に見ずに、自分に都合のいいように見ているのだ、と。この自我意識が七識です。

そしてそのさらに奥に、八識という無意識領野があります。唯識という学問では、その無意識領野には私たちのすべての記憶が詰まっていると考えます。そこには昔、動物だったときの記憶も含まれています。誰かが言っていましたけれど、幼稚園の子どもが動物園に行くと、何人に一人かは必ずライオンの檻の前で気を失うそうです。それはなぜかというと、生まれるずっと以前にライオンに襲われた経験があって、その記憶が無意識領野に残っているため、現にライオンを見ると、その遥か昔の記憶が甦《よみがえ》って気絶してしまうという話です。

この無意識の領野のことを仏教では「阿頼耶識《あらやしき》」と言います。それは蔵のようなもので、あらゆる経験が全部収まっているという説明をします。

でも脳の勉強をすると、人間の脳は外側へ外側へと広がって発達していったんだそうですね。中枢《ちゅうすう》の部分には魚の頃の脳とか、両生類の頃の脳とか、爬虫類《はちゅうるい》の頃の脳とか、鳥の頃の脳とかが今でも階層的に残っていて、一番外側に大脳新皮質という人間らしいものを判断する部分があるという話を聞きます。

さらに唯識では、この無意識の領野の一番深いところに清らかな穢《けが》れがない仏の心が宿っていると説き、それを九識と呼んでいます。そして、唯識の立場では、現在経験したことは無意識の心に影響を及ぼすのです。今やっていることが無意識の中に一つの情報として残されていて、その記憶が意識下では忘れていたとしても何かに触れたときに蘇ってくるというわけです。だから、良いことでも悪いことでも無意識の領野に残っていくのですが、この無意識の領野というのはいろんな人に共通しているというのが唯識の考え方です。今風にいえば、クラウドみたいなものです。そこにいろんな情報・記憶が蓄積されて、新しい生命が誕生したときにそれが影響するというのです。

●できるだけ良い種を蒔くことが人生の意味になる

そう考えるならば、私たちが生きている間の務めというのは、少しでも良い種・良い学びを無意識の領野にしっかりと残しておくということになるのではないでしょうか。そこに邪悪なもの、邪《よこしま》なものを植えつけてしまうと、その無意識の心が次世代に悪い影響として現れます。ですから、僅かなことでも、人を傷つけたり、人に嫌な思いをさせるような行いは慎むほうがいいということになります。

どこに行くかわかりませんが、心は自由に転がります。転がるときはジタバタしてもしかたありません。転がるに任せるしかないんです。「どこの土になろうとままよ落ち葉かな」という句がありますけれども、そんなものではないでしょうか。

「人間として最高の生き方というのは、いつでも、どこでも、誰に対してでも微笑むことのできる人になることである」という言葉があります。渋沢栄一さんのお孫さんの鮫島純子《すみこ》さんに『なにがあっても、ありがとう』(あさ出版)という本がありますけれども、どんなことに出合っても、それを「ありがとう、ありがとう」と感謝する。それにはどうしたらいいのかというと、やはり感謝の気持ちで向き合うことが一番なのでしょう。

喜怒哀楽に翻弄《ほんろう》されると心に波が立ちます。感情の波を立たせないようにするには、姿勢を正して呼吸をすることです。感情が波立つと呼吸も乱れます、だから、意識してゆっくりと呼吸をして、その呼吸を見つめてみる。それだけでも感情の波が立つ対象から心を離すことができます。心を落ち着かせて、少しでも邪なものを無意識の領域に入れないように気をつけたいと思います。

前回、人間の一生は海の泡に浮かぶようなもので、泡が消えたらもとの海に戻るだけというお話をしました。もとの海に戻って、そこからお日様の光を受けて水蒸気となって、雲になって雨になって大地を潤して、それがまた新しい植物や生命を育てていきます。仏教あるいは禅宗的な見方では、こういう大きな命の循環の中に我々は生きていると考えます。

個別の意識がどこまで残るのかは、私も死んだことがないのでわかりません。でも、それが新しく生まれてくる生命に何らかの影響を及ぼすのではないかという気はしています。それがどういう影響を及ぼしていくのかは計り知れないものがありますが、必ず影響すると思います。

私は般若心経という経典を確か幼稚園の頃に初めて見ました。そのときのことを今でも覚えています。「自分はこのお経を読んだことがある」と思ったのです。生まれる前の記憶が残っていたんじゃないかなという気がします。そんな話を以前、五木寛之先生と対談したときにお話ししたところ、既視感と言いますか、初めて行ったところなのに「あっ、ここに来たことがある」と思うようなことは確かにあるようです。

大きな命は循環していくのだと思います。でも、個別の思い、個別の体験がどの程度残っていくのかはわかりません。一旦完全に分散して新しく生まれていくのか、それとも何か影響を残していくのか。そのへんは非常に微妙な問題であり、また個々のケースも異なってくるため、一概にこうだとは言い難いと思います。でも、先の無意識の話と同じような感じで、意識的な活動は無意識の中にすべて還元されるものだと私は思います。その無意識の部分が個々の人生の記憶や心の働きにどういう影響を及ぼしていくのかはわかりませんけれども、良い種を蒔《ま》いていけば必ずそれは良い影響にしかならないというのは確かであろうと思います。反対に、悪い影響はどこでどう出るかわかりません。子や孫の世代なのか、全く赤の他人のところに出ていくのか、それはわかりません。しかし、悪い種を蒔けば悪い影響を及ぼすというのは、同様に確かであろうと思います。

ですから結論としては、生きている間には我が身を慎んで、誠実に、少しでも良い種を蒔いていく。それが生きていく意味になると言っていいのではないでしょうか。科学的に証明できませんから、何かの影響はあるという程度しか言いようがないのですが、そういうふうに思って生きるほうがいいなと私は思っております。

泡が永遠不滅の泡として残ることはないのです。それは必ず大きな海に帰っていきます。海は無意識の世界のようなものです。そんな無意識の世界がずうっと残っていくということなのでしょう。そこに人間のいろんな営みが蓄積されていきます。ですから、せめて我々は少しでも良い種を蒔いて、良い苗をたくさん植えて、残しておくように努める。それが我々の生きる意味だと私は思っています。

●華厳の教えから禅の教えへ

今回は最終講義でございます。短い公案が多かったものですから四つ選んでいます。「理想を掲げて現実を生きる」というテーマを掲げています。これは、禅の特徴を示しています。

作家の神渡良平先生のオンラインの会で対談をした際に、華厳《けごん》の教え、華厳の世界観とはどういうものなのかを少し説明してほしいと言われました。参加者の中にはよく仏教を勉強していらっしゃる方もいれば、仏教や宗教について詳しくない方々もいらっしゃるということでしたので、私はこういう説明をしました。

宗教というものは、だいたい聖《ひじり》の世界と俗の世界という二つに分けて起こります。キリスト教は典型でしょう。我々の世界と神の世界は決して同居しません。我々人間は神にはなれないんですね。神は神、人間は人間です。これは完全に二つに相離れています。

仏教の世界でも、仏と私たち、理想と現実、真実の世界と偽りの多い現実の世界というように、二つに分けて考えます。その上で、この偽りの多い現実の汚れた世界から真実の清らかな世界へと努力して到達しようとします。そこで様々な修行が生まれてきたのでしょう。

そのような聖の世界と俗の世界、理想と現実、神と人、仏と我々迷えるものという二層の構造から仏教の世界では大乗仏教というものが発達していきました。そして、私たちが理想とするべき神仏の心は、我々の心の中に内在をしているというようなことが説かれて、私たちが毎日の暮らしをしながら坐禅をして心を調《ととの》えていったり、南無阿弥陀仏とお念仏を唱えたりすることによって、聖なる世界へと近づいていけるという考え方が生まれました。

ところが華厳の教えというものは、私たちが日常の暮らしをしながら坐禅をしたり念仏を唱えたりというようなことをしなくても、たとえばお百姓さんが畑を耕すというそのことこそが聖なる営みなのだという見方に大転換していきます。聖なるものとは私たちのことであるという見方になっていくのです。

そのように、この世の中のあらゆる事物、あらゆる存在や物事が一つひとつそのままの姿で光り輝いているという見方をするのが華厳の世界観です。ですから、お百姓さんであれば田畑を耕す、商人であれば算盤《そろばん》をはじく、お役人はお役人の務めをする。あるいは、花は花としてその場に自分の花を咲かせている。松は松の木としてそこにある。それこそが聖なる存在であり、それこそが真理の輝きなのです。それぞれがそれぞれの営みをするところに大きな光、輝きがあるというのが華厳の見方です。それぞれがそれぞれの存在を全《まっと》うしている姿こそが、本当の聖なる働きだというわけです。

キリスト教でいう奇跡とは、我々の日常では考えられないような事象を言うのでしょう。それは実際にたくさんあるけれども、確かに奇跡であると認定してもらわなくてはいけないんですね。でも、華厳における奇跡というのは日常のものです。朝、目が覚めることが奇跡だ、こうして話をしていることが奇跡だ、こうして聞いていることが奇跡だ、というように奇跡は日常のあらゆる営みの中にたくさんある。こういう教えが華厳のものの見方です。聖なるものは実は日常の営みにこそある。しかも、それを聖なるものだと意識せずにやっているところにこそ輝きがあるというわけです。それが禅の教えと連なっていきました。

華厳の教えは一つの流れとなって非常に煩瑣《はんさ》な難しい哲学として体系化されていきました。そのために華厳宗というものは日本においてはあまり大きくなりませんでした。でも、今日のダイバーシティのような多様性が認められるような世の中になっていくと、華厳的なものの見方は非常に大きな意味を持つと私は思っています。

その華厳の教えを教学的・教理的・哲学的に発達させるのではなくて、日常的に毎日の暮らしの中で実現していこうとして発達してきたのが禅の教えだと言えます。ですから、禅の教えは日常の営みが仏道なのです。

大乗仏教の中でも難しい印《いん》を組んだり護摩《ごま》を焚《た》いたりといった特別な行をしている方々もいらっしゃいます。これに対して禅は、日常のご飯を食べるのも、そこに仏がありありと現れていると考えます。だから、ご飯を作るのも畑を耕すのも全部修行なのです。そこに聖なる光が輝いている、あらゆる日常の営みが光り輝いているというのが禅の教えなのです。

薪を割ってご飯を炊いているところに仏が光り輝いていると見るのです。

何も特別なことをするのではなくて、日常の営みの一つひとつが聖なる存在であって、石ころの一つ、土の一かけらに至るまで、それぞれがそれぞれであることが聖なる存在だという見方をするのが華厳であり、禅なのです。

ですから、私は鍵山秀三郎《ひでさぶろう》先生の凡事《ぼんじ》徹底に大いに共鳴するんです。というわけで、今日の言わんとするところは凡事徹底ということです。日常の凡事にこそ禅の真理が現れているという話をいたします。

●凡事の一つひとつが輝いている——第七則「趙州洗鉢」

最初にお話しするのは第七則「趙州洗鉢《じょうしゅうせんぱつ》」です。第二講で読みましたので原文は省略します。

趙州和尚にあるお坊さんが質問をしました。「私は修行の道場に入ったばかりの新米でございます。どういうふうに修行したらいいでしょうか、ご教示ください」と。

趙州和尚が「お前さん、朝のお粥《かゆ》は食べたか」と。僧は「はい、朝ご飯は終わりました」と答えました。それに対して何を言ったかといえば、「それなら自分の食器を洗いに行って片付けておきなさい」と当たり前のことを言ったんですね。しかしその僧はハッと気がついた、と。

いい話です。修行道場ですから朝ご飯はお粥と梅干ぐらいでしょう。それは今でも同じです。お粥と梅干の朝食をいただいて、そして食べ終わったならば自分で食器を洗って片付ける。よその宗派の道場では、修行する人は特別な行をやって、ご飯は賄《まかな》いの人が作ってくれて、ご飯を食べ終わったならば食器は片付けの人が片付けてくれるというところもたくさんあります。でも、禅は違います。ご飯を作るということも素晴らしい修行ですし、自分で使った食器を自分で洗うのも修行なのです。これは私もやっています。そういう営みが素晴らしいのです。だから凡事徹底なんですね。

凡事が禅なのです。凡事が一つひとつ輝くのです。鍵山先生のように凡事を徹底して、その凡事を積み重ねて積み重ねた結果、積小為大《せきしょういだい》で大事業にまで発展していく。それももちろん尊い素晴らしいことですけれども、私たちの禅で言えば、実を結ぶか結ばないかは関係ありません。もう凡事が凡事のままで一つひとつ光っているという教えなんですね。

スリッパを揃える、お手洗いをきれいにしておく、落ちている紙くずを一つ拾うといった些細《ささい》な善行を積み重ねれば、無意識領野に貯金が貯まって運命が開けていくということになります。それも尊い考え方です。しかし、禅は見返りがあろうがあるまいが、その行為自体が聖なる行いであり、そこに光があると考えます。だから特別なことは何もありません。修行したからといって、自分の食器を洗わなくていいということはないのです。その営みが素晴らしいと見るのです。

釈宗演《しゃくそうえん》老師が「この世界は慈悲の海である」と言いました。キリスト教的な言葉にすれば愛の海です。我々はその中に生かされているのだと釈宗演老師は言ったわけです。これに対して、ある方が「慈悲の海だといわれても実感ができない」と言いました。それは、あまり近くにあって見ることができないからでしょう。

私たちは空気に包まれているではありませんか。この空気がなかったならば一時も生きてはいません。あるいは、朝、日が昇るではありませんか。あの朝日が昇らなければ私たちはここにいません。あるいは、大地があるではないですか。大地が割れてしまったら私たちはここにいられません。大地が私たちを支えてくれているのです。空気がある。太陽が昇っている、大地がある。あるいは水道の蛇口を捻《ひね》れば水が出る。これを慈悲の海の中に生きていると言わずしてなんというのでありましょうか。

中でも空気が一番実感がないと思います。目の前にあふれていながら目には見えません。このように、日常の些細なことの中にあまりにもはっきりし過ぎているがために、私たちはそのことに気がつかないのです。奇跡というと宝くじに当たるようなことを言うと思うかもしれません。そんな奇跡を願って宝くじ売り場に並ぶ人もいるでしょう。しかし、それはかりが奇跡なのではありません。私たちがここに生きていることがすでに奇跡なのです。

それがわからないから、「火はないか、火はないか」と言ってロウソクをつけて探しているのです。持っているロウソクが火であることに気がついていない。そんなふうにして、私たちは素晴らしいものはないか、仏はいないかと探しているんです。「いや、あなたの心が仏なのだ」というのが禅の教えです。

最初の「粥を喫《くら》い了也未《おわれりや》」の一言ですでに仏法の端的が示されていたのだが、あまりに端的であったため、僧はそれを単なる日常的な質問と勘違いしてしまった。そこに仏法が現前していることに気づいてさえすれば、「粥を喫《くら》い了也《おわれり》」だの「鉢盂《はち》を洗いに去《ゆ》け」だのと遠回りをせずに済んだものを。

（大蔵出版『新国訳大蔵経中国撰述部①――6禅宗部法眼録無門関』柳幹康註）

これは私がこの頃参考にしている東京大学の柳幹康先生の解釈です。最初の「お粥は食べ終わったか」の一言でもう聖なる真理はありありと示されているというわけです。でも、あまりにも直接的であり、あまりにも目の前にあふれ、あまりにも凡事過ぎるがために、僧はそれを単なる日常的な、形式的な質問だと思ってしまった。皆がご飯を食べ終わったかと確認する形式的な質問と勘違いしてしまったというわけです。そのお粥を食べるということ、お粥を食べたかと質問しているところに聖なるものがありありと現れていると気づいてさえいれば遠回りをせずに済んだということなのです。

●無心の働きの中に仏の心が現れている――第十則「清税孤貧」

今度はもっと端的な、ズバリそのものを示した問題です。第一講でも取り上げた第十則「清税孤貧《せいぜいこひん》」です。ここでは豊かさとは何かということを問うています。これも本文は省略して内容だけを見てゆきましょう。

曹山《そうざん》和尚に清税という名の僧が質問をしました。私は貧しくて身寄りがありません。どうか私におめぐみください、と。

曹山和尚は「税闍梨《ぜいじゃり》」と呼びかけました。「闍梨」というのは「阿闍梨」のことです。今、我々は特別な修行をした人を阿闍梨と呼びますが、もともとは「アーチャーリア」という梵語《ぼんご》からきていて、一般のお坊さんに対する尊称として使います。ですから「和尚さん」というのと近い言葉で、何も特別なことではありません。もちろん敬称ですから、相手に対する敬意は表しています。「清税さん」「清税和尚」と呼びかけたわけです。

人間は呼びかけられると「はい」と返事をします。これは無意識の働きでしょう。呼ばれたから返事をしなければいけないなと考えてから返事をすることもあるのかもしれませんが、だいたい人間というのは「誰々さん」と呼ばれると、思わず「はい」と返事をしてしまうものでしょう。清税さんも呼ばれて「はい」と無意識の働きで答えました。

これについて駒沢大学の小川隆先生は『語録のことば—唐代の禅—』の中で次のように考察しておられます。

(「清税孤貧、乞師賑済」という) 四字四字で平仄《ひょうそく》の整ったこのセリフは、いかにも型ど

おりの口上ふうであって、さし迫った切実さとは無縁のもののように思われる。ことさらにへりくだったこの一言は、すべてを捨て去ったわが無一物の境涯、そこに加えうるものがあるなら加えてみよという、むしろ傲岸《ごうがん》で挑発的な意を含んだものと看《み》るべきであろう。

漢詩にはリズムを整えるための平仄というものがあります。たとえば「清税孤貧《こひん》、乞師賑済」の一文字目の「清」という字は平字です。それに対して「乞《きつ》」という字は仄字です。また、二文字目の「税」という字は仄字で、「師」は平字です。三文字目も「孤」は平字、片方の「賑《しん》」という字は仄字。次の「貧」は平字で、「済」は仄字というように、平と仄、仄と平とが完全に対になっています。これによって調和のとれた漢詩になっていくわけです。

ですから、これは非常に整ったセリフであって、いかにも型どおりの口上のようなもので差し迫った切実さとは無縁のように思われると小川先生は言われるのです。そして「ことさらにへりくだったこの一言は、すべてを捨て去ったわが無一物の境涯、そこに加えうるものがあるなら加えてみよという、むしろ倣岸で挑発的な意を含んだものと看るべきであろう」というふうに考察されています。

つまり、語学の専門家からすれば、この定型句は本当に困って質問しているのではなくて、相手の出方を見てやろうというような挑発的な意を含んでいると見えるということでしょう。確かにそういうところもあるのかもしれません。

しかし、それに対する曹山和尚の応対は、質問をした僧の思惑を凌駕《りょうが》するものでした。

「なんだ、お前さん。青原の酒屋の素晴らしい銘酒をたらふく飲んでおきながら、一滴も飲んでいないと言うのか」と曹山は言いました。ここを日本の少し以前の老師方は、「灘の生一本の銘酒をたらふく飲んでおきながら、一滴も飲んでいないと言うのか」というふうに説いていました。

これは「あなたにはもうすでに素晴らしいものが具《そな》わっているではないか」ということを言っています。「私があなたの名前を呼んだら、あなたは何も考えずに無意識に返事をした。それだ。その無意識の働きこそが仏の心の現れなんだ」と。なんの損得も勘定もなしに無心に「はい」と返事をする。そんな素晴らしい心を持っていながら、これ以上いったい何を望むというのか。それ以上なんの教えを付け足そうというのか、と言ったのです。

先ほどの趙州和尚の洗鉢の問題では、お粥を食べ、お粥を食べ終わったならば自分の食器をきれいに洗って元の場所に戻しておくというような日常の動作・日常の働きの中に聖なるものがある、光を放っているということでした。それに対して、この曹山和尚の問題は、呼ばれたならば無意識のうちに「はい」と返事をしている。その無意識の働き、無心の働きにこそ禅というものが生きているんだということを言っています。

●普段のありのままの心こそが道である——第十九則「平常是道」

以上お話ししてきたことをまとめているのが第十九則「平常《びょうじょう》是道《ぜどう》」という問題でございます。

これは南泉《なんせん》和尚と趙州《じょうしゅう》和尚という中国の唐の時代を代表する二人の禅僧の問答です。南泉和尚は「南泉を下らざること三十年」といって、南泉という山の中で三十年間ずっと修行をしていました。趙州和尚という方は、そんな南泉和尚のお傍に付いて約四十年にわたって修行をしました。この問答は、その最初の頃のものだと言われています。ですから、まだ十七歳か十八歳ぐらいの趙州和尚が南泉和尚のところに修行に行って間もない頃にこういう問答があったということなのです。

無門関第十九則
平常《びょうじょう》是《ぜ》道《どう》

南泉《なんせん》、因《ちな》みに趙州《じょうしゅう》問《と》う、如何《いか》なるか是《こ》れ道《どう》。泉云《せんいわ》く、平常心《びょうじょうしん》是《こ》れ道《どう》。州云《しゅういわ》く、還《かえ》って趣向《しゅこう》すべきや否《いな》や。泉云《せんいわ》く、向《むか》わんと擬《ぎ》すれば即《すなわ》ち乖《そむ》く。州云《しゅういわ》く、擬《ぎ》せずんば争《いか》でか是《こ》れ道《どう》なることを知《し》らん。

泉云《せんいわ》く、道《みち》は知《ち》にも属《ぞく》せず、不知《ふち》にも属《ぞく》せず。知《ち》は是《こ》れ妄覚《もうかく》、不知《ふち》は是《こ》れ無記《むき》。若《も》し真《しん》に不疑《ふぎ》の道《みち》に達《たっ》せば、猶太虚《なおたいきょ》の廓然《かくねん》として洞豁《とうかつ》なるが如《ごと》し。豈《あ》に強《し》いて是非《ぜひ》すべけんや。州言下《しゅうごんか》に頓悟《とんご》す。

無門曰《むもんいわ》く、南泉趙州《なんせんじょうしゅう》に発問《はつもん》せられて、直《じき》に得《え》たり、瓦解氷消《がげひょうしょう》、分疎不下《ぶんそふげ》なることを。趙州縦饒悟《じょうしゅうたといさと》り去《さ》るも、更《さら》に参《さん》ずること三十年にして始《はじ》めて得《え》てん。

頌《じゅ》に曰《いわ》く、

春に百花有《ひゃっかあ》り、秋に月有《あ》り、夏に涼風有《りょうふうあ》り、冬に雪有《あ》り。若《も》し閑事《かんじ》の心頭《しんとう》に挂《か》くる無《な》くんば、便《すなわ》ち是《こ》れ人間《にんげん》の好時節《こうじせつ》。

それでは一文ずつ内容を見ていきます。

南泉《なんせん》、因《ちな》みに趙州《じょうしゅう》問《と》う、如何《いか》なるか是《こ》れ道《どう》。泉云《せんいわ》く、平常心《びょうじょうしん》是《こ》れ道《どう》。州云《しゅういわ》く、還《かえ》って趣向《しゅこう》すべきや否《いな》や。泉云《せんいわ》く、向《むか》わんと擬《ぎ》すれば即《すなわ》ち乖《そむ》く。州云《しゅういわ》く、擬《ぎ》せずんば争《いか》でか是《こ》れ道《どう》なることを知《し》らん。

（《南泉に趙州が問うた。「道とはどのようなものでしょうか」。
南泉は》「ありのままの心が道である」《と答えた。
趙州は》「そのありのままの心は志向できますか」《と問うた。
南泉は》「向かおうとしたとたん外れてしまう」《と答えた。
趙州は》「志向しないのであれば、どうしてそれが道であると知れましょうか」《と問うた》）

南泉和尚に、趙州和尚が質問をしました。「仏道とはどういうものでしょうか。人間として生きる真実の道というのはどういうものでしょうか」と問うたのです。それに対して南泉和尚は「平常心是れ道」と答えました。

これは「正なる道というものが特別にあるわけではない。平常心という日常の当たり前のありのままの行いこそが道なのだ」と言っているのです。何も仏道は特別なことをするのではない、ということです。

平常心というのは普通に「へいじょうしん」と読んだほうがいいのかもしれませんが、禅宗の世界の習慣で「びょうじょうしん」と読みます。普段の心、当たり前の心を「平常心」と言います。その普段の心、当たり前の心とはどういうものかと言えば、先ほどの朝お粥を食べる、食べ終わったならば食器を洗って元に戻しておくというようなことです。そういう凡事こそが道なのです。普段の当たり前の、ありのままの心こそがそのまま仏道であるということです。

平常心というと、一般には何事にも動じない心というような意味で使われることが多いと思います。確かにそういう一面もなきにしもあらずですが、本来の意味は、ありのままの心を言います。繕《つくろ》ったり、媚《こ》びたり、企《たくら》んだり、特別作為的なことをしない。これが平常心です。何度も繰り返しますけれど、特別に難しい行法をするのではなくて、何も飾らずに当たり前に朝のご飯を食べる、庭の掃除をする、お手洗いをきれいに磨いておく。そういうことがことごとく仏道なのだということです。

よくスポーツの選手が大事な大会に出て、「平常心を保ちます」というのは、緊張せずに普段の心のままにということを言っているのでしょうけれども、厳密に平常心という言葉を学んでいけば、大舞台に出て緊張したら緊張している心もそのまま仏の心であって、そのまま仏の現れなのです。

それがわかっていると、かえって緊張しないのではないでしょうか。緊張することが問題なのではなくて、緊張してはいけないというふうに思ってしまうから、一層取り乱してしまうのです。ある程度の緊張というものは決して悪いものではありません。それは向上をもたらします。

ですから、一般に使われている「心の乱れるようなときにもあえて心を平静に保っておく」というあり方ではなくて、「緊張するときは緊張するんだ」というありのままの心を平常心と言います。緊張して困るという人は、むしろ「こういうところに出れば緊張するものだな。ちょっと脈も上がっているな」と自覚するほうがいいのではないかと私は思います。

そういう普段の心、ありのままの心が仏道であると南泉和尚は言ったのです。でも、そう言われた趙州和尚は困ってしまいます。何か素晴らしいものがどこかにあって、それを求めていきなさいと言われればわかりやすいのですけれど、先ほどの空気の話のように目の前にいっぱいありますよと言われると、かえって気づかないものです。ですから、「どうしたらありのままの心に近づいて行けるのでしょうか、ありのままの心になれるのでしょうか」と尋ねたわけです。

しかし、ありのままの心というのは、まさしく「あなたの心のまま」なわけですから、どこかを目指そうということではありません。だから南泉和尚は「向かおうとしたとたん外れてしまう」と答えたわけです。

●目的地を持たなければ道に迷うことはない

これについて馬《ば》祖《そ》道《どう》一《いつ》禅師という方が「迷うということはどこかに行こうとするから迷うんだ」と言っています。確かにそうかもしれません。ここに自分がいて、向こうに目的地があって、そこに行こうとするときに道から逸れた状態を「迷う」というのでしょう。でも、到達点を持たない。もっと言えば、どこにいてもそこが到達点だと考えれば、迷うことはありません。

私がよく喩えで使うのが、ぶらりと途中下車するようなものだ、と。「ぶらり途中下車」というのは、行こうという目的地を持っていないのですから、どこで下りてもいいわけです。下りたところが目的地になります。

禅はそういう考え方をします。つまり、禅とはこういうものだという模範解答があるのではなくて、銘々がその場でその時に生きている。その姿が禅なのです。ですから、どこかに向かおうとする、どこかに到達しようという思いがあると、かえって隔たりを生んでしまうというわけです。

そういう方向・方角をつけるから迷うのです。どこかへ行こうするから迷う。方角がなければ迷うことがないというのが、この馬祖禅師の言葉です。我々は決まった方角があって、そこへ行くことが正しい生き方だと思っています。だから、その方角から逸れることを迷うというのでしょう。

馬祖禅師は、平常心ということを最初に言い出した方です。馬祖の禅が臨済の教えの根本になっています。南泉はその馬祖の直弟子です。また、やはり馬祖の弟子である百丈《ひゃくじょう》の弟子が黄檗《おうばく》で、そのまた弟子が臨済です。

南泉は馬祖の直弟子ですから、ありのままの心がそのまま仏だという立場です。ですから、どこかで何かを取り繕うとすると、かえって逸れてしまうのだという考えなのです。でも趙州は、まだ十七、十八歳の青年でしたから、そう言われて困ってしまうわけですね。

人間は「どこそこへ行け」と言われるとそこに向かって努力できますけれども、到達点がなければ頑張りようがありません。人間はある程度の規範があって、そこに到達しようという目標がないと堕落していくものです。馬祖の禅は自己肯定という点においては素晴らしい教えなんです。どんな時でも、どんな場所にいても、そこがあなたの到達点ですよ、そこが道ですよ、というのですから。

しかし、これは一歩間違えると努力をしなくなり、堕落をしてしまうことになりかねません。実際にそういう傾向があったのでしょう。馬祖のあとに馬祖禅に対する批判が生まれ、やはり人間は目標を持たなければだめだという考えが出てきました。その結果、禅問答というものを作って、その問題に対する答えを見つけようということが始まりました。禅問答、公案というものはそのようにしてできていくんです。

趙州和尚の「志向しないのであれば、どうしてそれが道であると知れましょうか」という問いは、その点を突いています。どこどこへ行けといえばわかるけども、それはしなくていいというのであればどうしたらいいのでしょうか、と。

●「わかる」とは限定してしまうこと

泉云《せんいわ》く、道《みち》は知《ち》にも属《ぞく》せず、不知《ふち》にも属《ぞく》せず。知《ち》は是《こ》れ妄覚《もうかく》、不知《ふち》は是《こ》れ無記《むき》。若《も》し真《しん》に不疑《ふぎ》の道《みち》に達《たっ》せば、猶太虚《なおたいきょ》の廓然《かくねん》として洞豁《とうかつ》なるが如《ごと》し。豈《あ》に強《し》いて是非《ぜひ》すべけんや。州言下《しゅうごんか》に頓悟《とんご》す。

《南泉は言った。》「道というのは、「知」「不知」という分別に渉《わた》らない。「知」といったところで、それは誤った分別であるし、「不知」といってもぼんやりと呆けているに過ぎない。疑うことのない道に本当に達することができれば、それは虚空のごとくからりとしていて際限が無いのだから、どうして是や非という分別を差しはさむことができようか」。《趙州は言下に悟った》

「道は知にも属せず、不知にも属せず」とあります。知不知というのは知の問題です。私たちは何かを知りたい、わかりたいと思います。でも、道というものから考えると、知りたいとかわかりたいということがかえって道の邪魔をしてしまうことがあるのです。

神渡良平先生の勉強会のときに、かなりのご年配の方が「自分が生きている間になんとか般若心経がわかりたい」と言いました。私は「そうですね」とお答えしましたけれど、本音を言えば、「それは無理です」と言いたかったのです。

「わかる」ということは「分ける」ことです。分けて、切り取って、そして自分が理解できる範疇《はんちゅう》に落とし込むことができると「わかった」と私たちは思います。でも般若心経で説かれている空の世界というのは無限定の世界です。自我意識というもので切り取ることのできる世界ではありません。たとえて言えば、降っている雪をつかまえたいと思っても、つかまえた瞬間に雪が消えてしまうようなものです。

それならどうしたらいいのかというと、つかまえることを手放してやめてしまう。つかまえようつかまえようという働きを止めて、握った手を放して、大きな海の世界、広い無意識の世界、仏心の世界、慈悲の海の中に自分の全身を委ねればいいのです。

わかろうとする行為は笊《ざる》で水を掬《すく》うようなものだと言った人がいます。笊では水を掬えません。でも、笊を水の中に沈めてしまえば笊の中に水がいっぱいに満ちます。委ねるというのはこういう感覚です。

「分別意識」といいますけれども、意識の働きで般若心経を理解しようとしても、般若心経で説かれる「空」の世界はその枠を越えたものですから、できないことなのです。むしろ、わかろうという営みを止めて、大きな世界に身を委ねるような気持ちで無心に般若心経をお唱えしていく。それが一番の近道だと思います。

知るということは自我意識につながります。禅の修行の目指すところは自我意識の否定です。「空」とは無我の世界です。我の否定ですから、「私は般若心経を勉強してこういうことがわかった。これで自分の知識が増えた」というのは、もうすでにお荷物であり、空の世界からは遠ざかってしまう営みなのです。

道教などでも、道というものは日日に失っていくものだと言います。学んで積み重ねていくものではなくて、手放していく、失っていく、離していく。人間は誰も皆、死に向かって生きているわけですから、つかまえようとしたところで、財産であろうと名誉であろうと全部をつかまえておくことはできません。人間の歩みというのは、それらを手放していく営みなのです。

ですから、死ぬまでに般若心経をわかってやろうというのも、自我意識の営みなのです。それを手放して解放された世界が空の世界なのです。

●すべて手放した際限のない世界を「空」という

このように、道を知ったといえば、それはもう概念にすぎません。あなたの知識、あなたの理解でしかないのです。あなたの理解の中に落とし込んだというだけであって、それではかえって死んだものになってしまいます。かと言って、ただボヤッとしてわかりませんというようなものではなくて、この空気の中にいる、慈悲の愛の海の中にいるという自覚だけはあるのです。

それがどういうものであるかということを言語化して説明するのは極めて困難です。それで様々な海に浮かぶ泡であるとか、空気のようなものだとか、大地のようなものだとかというような喩えで示しているわけです。

「知は是れ妄覚」とあるように、知識は確かに尊いものですけれども、しかし知識にしてしまった時点で極めて限定的なものになってしまいます。時代の影響も受けるでしょう。とくに今の時代は、真実だといってもいつ引っ繰り返されてしまうかわかりません。本当に混沌とした時代でございます。知というものが通じなくなってきています。

もちろん生きる営みとして最低限の知識は必要でしょう、しかし、道の本体というものはそういう知識を越えたところにあります。その中に私たちは生かされているんだという感覚です。

とはいえ、「不知は是れ無記」とあるように、知らないというのはただぼんやりしているにすぎません。これではだめなのです。ただぼーっとしているのとはまた違うのです。なかなか難しいところです。

でも、「不疑の道」疑うことのない本当の道、慈愛の海の中に私たちは生かされています。最初から仏道の中にいるのです。そのような「どこでどう転んでも道の真っ只中なのだ」という自覚があれば、そのときの心境は「虚空のごとくからりとして際限がない」のです。これが空の世界、手放した世界なのです。それはこの空中の如く継ぎ目がない、限定がない、無限定の世界です。そういう際限がない世界ですから、これを「空」というわけです。

南泉和尚の「どうして是や非という分別を差しはさむことができようか」という一言で趙州和尚は悟りました。十七、十八歳のときにもう悟りを開いたというんです。

●とらわれから離れれば、ありのままの景色が見える

無門曰《むもんいわ》く、南泉《なんせん》趙州《じょうしゅう》に発問《はつもん》せられて、直《じき》に得《え》たり、瓦解《がげ》氷消《ひょうしょう》、分疎不下《ぶんそふげ》なることを。趙州《じょうしゅう》縦饒悟《たといさと》り去《さ》るも、更《さら》に参《さん》ずること三十年にして始《はじ》めて得《え》てん。

（《無門は言った。》南泉は趙州に質問され（言葉で説明したことで、せっかくのありのままの心が）跡形もなく崩れてしまい、言い訳ができなくなってしまった。趙州は悟ったとはいえ、更に三十年禅に参じなければならない）

「瓦解氷消」とは、瓦が崩れて氷が溶けてしまうこと。つまり、ありのままの心が跡形もなく崩れて去ってしまった。「分疎不下」は、言い訳もできなくなってしまったということです。これは貶《けな》しているようで内心では「よく趙州和尚に対してここまで丁寧に親切に教えてくれたものだな」と南泉和尚を褒めているのです。

一方の趙州和尚は、たとえ悟ったといっても更に三十年禅に参じなければならないとありますが、実際は三十年どころか四十年も南泉和尚の傍で修行をしました。十七

歳から四十年の間お仕えしましたから五十七歳までです。趙州和尚が五十七歳になったときに南泉和尚が亡くなり、それから三年間お墓を守り、六十になってから禅の修行の旅に出ます。自分よりも優れている人があれば、三歳の子どもであっても教えを請いたい。逆に、自分よりも劣っていれば、どんな老人であっても教えてあげたいと二十年間修行の旅をして、住職となったのが八十歳です。そこから四十年間お説法を続けて、百二十歳で亡くなったと言われています。

禅僧の中でも、私の師匠の先代管長がよく「禅宗のお坊さんを相撲の番付で並べたら、東の正横綱は趙州和尚だ」ということを言っていました。それぐらいの大人物です。

頌《じゅ》に曰《いわ》く、春に百花《ひゃっか》有《あ》り、秋に月有《あ》り、夏に涼風《りょうふう》有《あ》り、冬に雪有《あ》り。若《も》し閑事《かんじ》の心《しん》頭《とう》に挂《か》くる無《な》くんば、便《すなわ》ち是《こ》れ人間《にんげん》の好時節《こうじせつ》。

（《頌に曰く、》春には沢山の花があり、秋には月があり、夏には涼風があり、冬には雪がある。もしもつまらぬ事柄を心にかけることがなければ、それでもう人の世の良き時節なのである）

これは大変にわかりやすい頌です。平常心、ありのままの心を示しています。

「春に百花有り、秋に月有り、夏に涼風有り、冬に雪有り」。春にはたくさんの花が咲きほこる。秋にはきれいなお月様が冴《さ》え渡る。夏には、夏の暑いときだからこそ涼しい風を感じる。冬は寒いけれども、あのきれいな雪が見える。「閑事」というのは大切ではない、どうでもいいような事柄です。そういうどうでもいいような事柄を気にかけることがなければ、それだけでもう人間の幸せなのだ、と。

我々はあまりにもつまらないことに心がとらわれてしまっているのではないでしょうか。そのとらわれを離れたならば、春には花が咲き、秋にはお月様があり、夏には涼しい風が吹き、冬には雪を見ることができる。これはなんの造作もない心です。これが馬祖の教えの真髄です。

次に『馬祖語録』にある言葉を一つ紹介します。

示衆《じしゅ》に云《いわ》く、道は修するを用いず、但《た》だ汚染すること莫《なか》れ。何をか汚染と為す。造作し趣向せば皆是《こ》れ汚染なり。若《も》し直に其《そ》の道を会せんと欲せば、平常心是れ道なり。

ここに「平常心」という言葉が文献の上で表れています。この教えを受けて、お弟子の南泉が使ったのです。その教えの根本は華厳の教えにあると思っています。最初にお話ししたように、聖なるものは日常の当たり前のところにある、ということです。だから、「修するを用いず、但だ汚染すること莫れ」特別の修行をする必要はない、ただ汚れを受けないことだ、と言っているわけです。

汚れというのは「造作し趣向」することです。先にも申し上げたように、どこへ行こうという方向性を持つことが迷いの根本だと馬祖は言います。そういう「造作し趣向」することなく、今日はちょっと寒いから温かいご飯を出してあげようと思ってご飯を用意したり、おいしくいただいてありがとうございましたと感謝をしたり、そういう平常の心、ありのままが道なのであるというのです。

平常心というのは取り繕うことをしないことですから、平常心を保つようにしようというような造作は必要ないのです。良いも悪いもないし、何かを得ようとか失うということもない。途切れてしまうこともなければ、ずっと続くというわけでもない。迷いだ、悟りだという区別もない。この日常の凡事、様々な一つひとつこそが道なのである、と。あえてそれ以外のところに求める必要はないという教えです。

でも、先ほど言いましたように、それを鵜《う》呑みにしてしまって安住してしまうと堕落してしまいます。今回、「理想を掲げて現実を生きる」というテーマを掲げましたように、「一つの眼は遠い彼方を見つめ、もう一方は足元を見つめ」（森信三）という両方が必要なのです。

●高い境地に達したらさらにその先を目指す――第四十六則「竿頭進歩」

この理想と現実の問題をありありと説いているのが第四十六則「竿頭進歩《かんとうしんぽ》」です。

無門関第四十六則
竿頭進歩《かんとうしんぽ》

石霜和尚《せきそうおしょう》云《いわ》く、百尺竿頭《ひゃくしゃくかんとう》、如何《いかん》が歩《ほ》を進《すす》めん。

又古徳《またことく》云《いわ》く、百尺竿頭《ひゃくしゃくかんとう》に坐《ざ》する底《てい》の人《ひと》、得入《とくにゅう》すと雖然《いえど》も未《いま》だ真《しん》と為《な》さず。百尺竿頭《ひゃくしゃくかんとう》、須《すべか》らく歩《ほ》を進《すす》め、十方世界《じっぽうせかい》に全身《ぜんしん》を現《げん》ずべし。

無門曰《むもんいわ》く、歩《ほ》を進《すす》め得《え》、身《み》を翻《ひるがえ》し得《え》ば、更《さら》に何《いず》れの処《ところ》を嫌《きら》ってか尊《そん》と称《しょう》せざる。是《かく》の如《ごと》くなりと雖然《いえど》も、且《しばら》く道《い》え、百尺竿頭《ひゃくしゃくかんとう》、如何《いかん》が歩《ほ》を進《すす》めん。嗄《さ》。

頌《じゅ》に曰《いわ》く、
頂門《ちょうもん》の眼《まなこ》を瞎却《かっきゃく》して、錯《あやま》って定盤星《じょうばんじょう》を認《と》む。
身《み》を捨《す》て能《よ》く命《めい》を捨《す》て、一盲衆盲《いちもうしゅうもう》を引《ひ》く。

一文ずつ読んでいきましょう。

石霜《せきそう》和尚《おしょう》云《いわ》く、百尺竿頭《ひゃくしゃくかんとう》、如何《いかん》が歩《ほ》を進《すす》めん。
又《また》古徳《ことく》云《いわ》く、百尺竿頭《ひゃくしゃくかんとう》に坐《ざ》する底《てい》の人《ひと》、得入《とくにゅう》すと雖然《いえど》も未《いま》だ真《しん》と為《な》さず。百尺竿頭《ひゃくしゃくかんとう》、須《すべか》らく歩《ほ》を進《すす》め、十方世界《じっぽうせかい》に全身《ぜんしん》を現《げん》ずべし。

（石霜はいう、「百尺もの竿の先で、どう一歩を踏みだすのか」
また古徳はいう、「百尺もの竿の先に坐る人は、悟ってはいるが、まだ本物ではない。そこから一歩を踏みだして、十方世界に全身を現しだすことができる」）

石霜和尚とは慈明楚圓という方です。西暦九八六年に生まれ一〇三九年に亡くなった北宋の時代の僧です。また古徳とは西暦七八八年に生まれ八六八年に亡くなった長沙景岑という唐代の僧です。

石霜和尚の問いは「百尺もの竿のさらに先を目指す気持ちが大事だ」ということを言っています。また、古徳は「百尺の竿頭に坐る人は悟っているけれど、そこで理想に留まっていたのではまだ本物ではない。そこから一歩を踏み出してこそ十方世界に全身を現すことができるのだ」と言っているのです。

石霜和尚には、夜に坐禅をしていて眠気が襲ってくると大工道具の錐《きり》を自分の腿《もも》に突き刺して、「古人刻苦光明《こっくこうみょう》必ず盛大なり」と言って目を覚まして坐禅を続けたという逸話があります。この「古人刻苦光明必ず盛大なり」という言葉は、「昔の人は皆苦労して修行した。その結果、光り輝くものを得たのだ」ということを言っています。『戦国策』という古い書物の中に、「昔の人は書を読んで睡《ねむ》らんと欲せば、錐を引いて自ら其《そ》の股を刺し、血流れて足に至る」という話が残っています。そんな話を読んでいた慈明和尚が、夜眠気に襲われると、錐で股を刺して坐禅したのでした。

白隠禅師はこの話を二十歳のときに聴いて感動して、「古人刻苦光明必ず盛大なり」という言葉を自分の座右の銘にして修行したということが禅の歴史の中に語られています。

先にもお話ししたように、馬祖禅の一つの欠陥は、馬祖自身は努力をした結果、ありのままが道だという心境に達したのですが、それに続く人たちが「ありのままでいい」という教えを鵜呑みにして努力を怠り、堕落してしまったところにあります。ですから、百尺竿頭の先を目指して努力をすることが大事だと言っているわけです。

無門《むもん》曰《いわ》く、歩《ほ》を進《すす》め得《え》、身《み》を翻《ひるがえ》し得《え》ば、更《さら》に何《いず》れの処《ところ》を嫌《きら》ってか尊《そん》と称《しょう》せざる。是《かく》の如《ごと》くなりと雖然《いえど》も、且《しばら》く道《い》え、百尺竿頭《ひゃくしゃくかんとう》、如何《いかん》が歩を進めん。嗄《さ》。

（《無門は言った。》一歩を踏みだし身を翻すことができるのであれば、他にどんな場所を嫌って、「尊」でないと言うのか。とはいえまずは言うてみよ。百尺もの竿の先で、いかに一歩を踏みだすのか、ああ）

無門禅師は百尺竿頭という理想を目指す気持ちを持つことと、そこに留まらずに現実に下りて凡事を徹底していくということの二つが大事だと言っています。「歩を進め得、身を翻し得ば、更に何れの処を嫌ってか尊と称せざる」というのは、反語でまわりくどい言い方ですが、「一歩踏み出し身を翻すと、どんな場所であろうとそこが尊いところだ」ということです。どんな場所であろうと、その場所であなたがやっていることが尊い、素晴らしいことなのだと言っているのです。

それがお粥を炊く仕事であろうと、あるいはでき上がったお粥をいただいているときであろうと、そのお粥を食べ終わった食器を洗っているときであろうと、どの場所も尊い光を放っているということです。一貫して同じことを言っているんですね。華厳の思想が禅において日常の暮らしに光を見出していったのです。

「とはいえまずは言うてみよ、百尺もの竿の先で、いかに一歩を踏み出すのか」。百尺竿頭という高い悟りの心境を目指すのですけれども、そこから一歩を踏み出す努力が必要だということです。自分一人が高く清らかなところに到達したからといって、そこに留まっていてはだめで、もう一度現実に下りて現実の中で生きるということが大事だと言っているのです。

頌《じゅ》に曰《いわ》く、
頂門《ちょうもん》の眼《まなこ》を瞎却《かっきゃく》して、錯《あやま》って定盤星《じょうばんじょう》を認《と》む。
身《み》を捨《す》て能《よ》く命《めい》を捨《す》て、一盲衆盲《いちもうしゅもう》を引《ひ》く。

（《頌に曰く、》頂門の眼をつぶしてしまい、定盤星《めもり》を見誤る。身を捨てて命を捨てる、一人の盲人が多くの盲人を引く）

この頌にある「頂門の眼」とは「悟りの眼」のことをいいます。「定盤星」とはのことで「竿秤《さおばか》りで量るときに物をのせた盤が分銅とつり合う点の目盛り。標準」のことで「定盤星を認む」は「計りの目盛りを読み損なう」という意味で使われます。つまり、「悟りの眼をつぶして目盛りを読み損なってしまった」ということですが、これは「理想の世界に留まっているようなことでは大きな勘違いをしてしまうぞ」と言っているのです。

悟りを開いて高い心境を目指す努力はするべきです。そのために、夜眠らずに坐禅をしようというような努力は必要です。しかし、その結果として自分一人が高い心境に達したとしても、これでいいのだと思ったならばとんだ思い違いをしてしまう、と。そこからもう一度、身を捨て命を捨てるというところがなければならない、というのです。

「一盲衆盲を引く」（一人の盲人が多くの盲人を引く）というのは解釈がいろいろ分かれます。「目の見えない者が多くの目の見えない者を導いていくと、皆をとんでもないところに導いてしまいかねない」という悪い意味でとる場合もありますし、この盲人を無心の人にたとえて、「本当に無心の人が多くの人たちを導いていくことができる」というふうに解釈する場合もあります。ここは両方の解釈が可能であると思います。

●理想の世界を究め、現実の世界に戻って来る

ここまでお話ししてきたことを踏まえて、最後に仏教の修行というものについてまとめてみたいと思います。

臨済禅師が次のような言葉を残しています。

一人は孤峰頂上に在って、出身の路無く、
一人は十字街頭に在って、亦た向背無し。

「孤峰頂上」とは悟りの世界を言っています。つまり、一人は悟りの世界を目指してそこにとどまっているのです。しかし、もう一人は「十字街頭」というように街の中で生きるのです。修行者にはこの両方の生き方があるのですが、両方とも大事なのです。

「孤峰頂上」は究極の世界です。それは般若心経でいう「空」の世界であり、華厳の

世界では「理」といいます。「十字街頭」は現実の世界、相対差別の世界です。これは般若心経でいう「色」の世界です。これを華厳の世界では「事」といい、「理が事の中に表れている」、あるいは華厳では「事が事のままで真理の光を放っている」というふうに説かれています。

般若心経で説く「色」の世界は差別のある世界です。この差別とは、苛《いじ》めたり酷《ひど》いことをするという意味の差別ではなくて、単に区別のある世界をいいます。山があり、川があり、男性があり、女性があり、様々な性の多様性があるという世界です。森羅万象、山や川、草や木、眼に見える世界、現象の世界が「色」の世界です。

坐禅をしてその区別の世界から離れ、自分の本来の心・仏の心、空気のように私たちを包んでくれている平等の世界に目覚める。その上で再び現実の世界に還る。これが禅の目指しているところのものです。

そこで日常の動作を丁寧に積み重ねていく。あらゆる存在に目を配っていく。特に禅宗の場合は、ご飯を炊いたり、お茶を飲んだり、掃除をしたりという日々の当たり前のことを徹底します。

このお茶を飲むということに徹することが、やがて茶道として発達していきました。私が長い間お仕えした先代の管長はお茶をよく勉強していらっしゃって、お客さんにお茶を点《た》てて振る舞っていました。恐縮したお客さんが「作法も何もわからないのですが、どうやって飲めばいいんですか」と聞くと、先代管長はよく「鼻から飲まなきゃいいんですよ」と言っていました。それがありのままの飲み方なんです。誰も鼻でお茶を飲むことはしません。作法も知らなくても、ちゃんと口に持っていきます。それが無意識の働きなんです。

その無意識の働きに仏の働きが作用しているのです。だから、水を汲んだり、薪を割ったり、芝を運んだりという、そういう日常の営みが仏道だ、禅だとなってくる。そこから更に慈悲の行いに出ていくのだというふうになっていくのです。

このことについて、鈴木大拙先生はよく青原惟信《せいげんいしん》禅師の次の言葉を挙げておられました。

山是山、水是水
山不是山、水不是水
山只是山、水只是水

修行をする前は、山は山であり、水は水であった。修行をすると、山は山でない、水は水でない。そういう差別・区別・隔てが全部なくなってしまう。そして、ひとつながりの宇宙というか、宇宙まるごと・地球まるごとが生命体というような区別のない世界に気がつく。そこからもう一度、やはり現実の山は山、水は水という世界に戻ってくるんだ、と。

回りくどいようですけれども、有の世界から一度無の世界を体験して、無の世界からもう一度この有の世界へと戻ってくる。般若心経でいうところの色の世界から、坐禅修行によって空の世界を体験する。空の世界を体験したならば、もう一度この現実の色の世界に戻って、それぞれの特性を生かして働いていくという図式です。

「山是山、水是水」というのは分別の世界です。わかった・わからないというのは、この世界です。次の「山不是山、水不是水」というのは空の世界です。ここはわかりようのない世界です。なぜならば分別のしようのない無分別の世界だからです。そしてもう一度「山只是山、水只是水」という世界に戻ってきます。それは無分別の分別という働きをしていくのだというふうに、大拙先生は力説されました。

色の世界から修行によって空の世界を体験する。色の世界は自我の世界ですから、それは一度自我を否定するということです。しかし、自我を否定したところで終わらないで、もう一度現実の世界に戻ってくる。そして、現実の世界においてなんの損得勘定もなしに、無心無我の気持ちで働くということです。

私の得度の師匠である小池心叟《しんそう》老師はわかりやすくこう言いました。

「皆さんは、この世に生を受けてから生涯を終わるまで、この相対世界の中に生存しているわけです。この相対世界というのは二元対立の世界です。言葉の世界です。この二元対立の世界だけが真実と思うては誤りです。

二元対立の世界、相対世界の中に平等一如の世界というものが存在する。あるいは絶対ともいう。そういう平等一如の世界というものを自分で自覚して、そしてまたこの二元対立の世界に戻ってきて、あらゆるその対立にとらわれない境界というものを自分で身につけていくのが坐禅です」

私は小池老師にも長いことお仕えしましたけれども、これはまさしくその通りだなと思いました。

坂村真民先生に「遠い道」という詩がございます。

それは遠い道である

月までよりも遠い道である
しかしわたしは何年かかっても往くであろう
風がおこる根源のところへ
光が生まれる渾沌《こんとん》のところへ
命がこもる深奥のところへ
そしてまた幾年かかっても
還ってくるであろう
もろもろのものたちが
愛の火を燃やしあって
生きようとしているところへ
こころを相寄せ合って
暮らしているところへ
生きとし生けるもののかなしみと
よろこびの渦巻くところへ

（『坂村真民全詩集第三巻』大東出版社）

「飛天のうた」という詩もございます。

わたしは
この世が
好きなのです
だから
あの世に行かず
飛天となり
みんなと
苦楽を共にして
天から皆を
守ります
流れる雲よ
飛ぶ鳥よ
仰いでください
虹の橋
聞いてください

琵琶の音を
飛天真民が
祈る歌

（『坂村真民全詩集第八巻』大東出版社）

こういう世界観です。

次は円覚寺の釈宗演老師の言葉です。これもよく使わせてもらっています。

世には遠く俗塵《ぞくじん》を避けて山に入り獨自らを高うするものがあるが、それ等は禪の本旨を得たものとは云はれない。禪は何處までも血あり涙あつて俗世間を救ふといふ大慈悲心のあるものでなければならぬ。

（『筌蹄録』）

もう一度この現実の世界に戻るというのは、慈悲の心、慈愛の心なのです。

ここだけは押さえておいてほしいのですが、自我の世界から我を否定する無我の世界・平等の世界へ行き、そしてもう一度現実に戻って働くところに意義があるということです。

●大事なのは相手の立場で物事を考えていくこと

森信三先生が、我を捨てることは無理であっても、相手の立場を察する、相手の気持ちになるようにということならばわかりやすく、心がけ次第で誰でもできるのではないか、と述べておられることを以前紹介しました。

相手の立場に立って物事を考える――これが平等という世界を体験した上で現実の世界で働いていく具体的な心がけということになるでしょう。

このことについて鈴木大拙先生の言葉があります。

自分をむなしうするという工夫は、積極的に、他のために働くことです。他のために自分の労を惜しまずに、手足を動かしていると、自分のことが自然に気にかからなく

なります。この手足を動かすということは、なんでもないようで、なかなか意味深いのです。手足を動かして他のためにつくす、これをちいさなときからならしておくと、自然に自分のことのみを考えるくせが少なくなり、何かにつけて「誠」がやしなわれ、信仰ができてくるのです。

（志村武『鈴木大拙随聞記』日本放送出版協会）

坐禅をして自分をむなしくする、自我をなくそうとすることはなかなか難しい。また下手に坐禅をすると坐禅したことを自慢して、かえって自我を増長してしまう人も多いのです。

でも「積極的に、他のために働く」「他のために自分の労を惜しまずに、手足を動かしている」と、「自分のことが自然に気にかからなくなる」と。この実際に手足を動かすということは、鍵山先生であれば、お手洗いの掃除や道や庭の掃除というようなことになるでしょう。これは大拙先生の言われるように「なんでもないようで、なかなか意味深い」ことです。お皿を洗ったり食器を洗ったりということには確かに深い意味があると私も思います。そういうことを小さな頃からしておくと、自然と「誠」というものが養われていくというのも確かなことであるように思います。

人々のために尽くそうという利他の心を白隠禅師は「菩提心《ぼだいしん》」と言いました。そして、「菩提心無き者は尽く魔道に堕す」とも言いました。人のために尽くそうという気持ちのない者は、みんな悪魔の道に落ちるというのです。

●「自分が救われるよりも、まず人を救いたい」という思いが光となる

では、その「菩提心」とはどういうものでしょうか。白隠禅師の『お婆々どの粉引き歌』というものがあります。そこに次の一節があります。

菩提心とはどうした事ぞ
上求《じょうぐ》菩提と下化衆生《げけしゅじょう》なり
四弘《しぐ》の願輪に鞭《むち》打あて、
人を助くる業をのみ

菩提心というものは、まず「上求菩提」、上はどこまでも菩提を求めなくてはならない。馬祖禅の問題点は、この「求める」ということが強調されなくなったことでした。ですから、やはりどこまでも向上し、理想を求めていくことが大事なのです。

それと同時に「下化衆生」、下は人々のために尽くしていく。そして「四弘の願輪」四つの願いに鞭を当てて人を救っていくという道が菩提心だと言っています。

この四つの願いとは、

衆生《しゅじょう》無《む》辺誓願度《へんせいがんど》
煩悩《ぼんのう》無《む》尽誓願断《じんせいがんだん》
法門《ほうもん》無《む》量誓願学《りょうせいがんがく》
仏道《ぶつどう》無《む》上誓願成《じょうせいがんじょう》

というものです。

「衆生無辺誓願度」とは、生きとし生けるものの悩み苦しみは限りないけれども、これを誓って救っていこうという願いです。

「煩悩無尽誓願断」とは、自分のわがままな煩悩は限りないけれども、誓ってこれを断っていこう、少しでも減らしていこうという願いです。

「法門無量誓願学」とは、教えは尽きることがないけれども、誓って学んでいこうという願いです。学ばなければならない教えは本当に尽きることはありません。また学ぶことは楽しいことです。私も次は何を学ぼうかなといつもワクワクしています。

「仏道無上誓願成」とは、仏道はこの上ないものだけれども、誓ってこれを成し遂げようという願いです。私どもは仏道ですけれども、皆さんであれば皆さん方が実現したいという理想に向かって努力をしていこうと願うことです。

私たちはいつもこういう四つの願いを説いています。


この菩提心ということについて道元禅師は次のように言っています。

菩提心をおこすといふは、おのれいまだわたらざるさきに、一切衆生をわたさんと発願し、いとなむなり。そのかたちいやしといふとも、この心をおこせば、すでに一切衆生の導師なり。（『発菩提心』）

自分が救われるよりも、まず人を救いたいと思う心が菩提心なのです。その心を起こしていけば人々を導いていけるのだ、と。

山田無文老師はよくこんなお話をされていました。

この地球を全部牛の皮で覆うならば、自由にどこへでも、跣足《はだし》で歩ける。が、それは不可能である。
しかし自分の足に七寸の靴をはけば、世界中を皮で覆うたと同じことである。

この地球を全部牛の皮で覆うならば自由にどこへでも裸足で歩ける。それは不可能であるけれども、自分の足に七寸（二十一センチ）の靴を履けば世界中どこへでも歩いて行ける、と。皆さんならば二十六センチとか二十七センチの靴ということになるでしょうか。そういう靴さえ履けば、世界中どこへでも歩いていけるというのです。

さらに無文老師は言っています。

この世界を理想の天国にすることは、おそらく不可能である。しかし自分の心に菩提心をおこすならば、すなわち人類のために自己のすべてを捧げることを誓うならば、

世界は直ちに天国になったにひとしい。

私は山田無文老師のこの話を中学生のときに聞いて感動しました。

これを禅の言葉で言えば、「他の癡聖人《ちしょうにん》を傭《やと》って、雪を担って共に井《せい》を埋《うず》む」ということになります。「癡聖人」というのは、「悟りさえも捨て去り大馬鹿者になりきった聖者」です。「雪を担って井を埋む」とは、「井戸に雪をせっせと放り込んで井戸を埋めようとする」ということです。

この言葉を仏教学者の竹村牧男先生はこう解説してくださっています。

「井戸に雪をせっせと放り込んで井戸を埋めようとする。そのように何にもならないことをひたすら一所懸命やる。それを『俺はこんなにやったんだ』と自慢するわけでもなく、働いたことに囚《とら》われず、ただ黙々と働くのみ」だと。

これに対して鈴木大拙先生は、「ただ滅茶苦茶にはたらくのだ、はたらいてはたらいてはたらきぬくのだ。その意味でわしは、白隠禅師が五位の『兼中到《けんちゅうとう》』に著語《じゃくご》を置き直した見識を高く評価したい」と言います。白隠禅師が「他の癡聖人を傭って、雪を担って共に井を埋む」という言葉を用いたことを高く評価しているのです。

それを竹村牧男先生は「人のために一所懸命尽くして、それを鼻にかけたり手柄にしたりすることが全くない。そこに禅の味わい、魅力があると思います」と言われています（月刊『致知』二〇二〇年八月号）。

聖なるもの、俗なるものという話を最初にいたしました。そこで禅というのは聖なるものが我々から離れたところに特別にあるのではなくて、日常の一つひとつの営みにこそあるという教えだと申しました。日常の一つひとつがそれぞれ光り輝いている存在なのだ、と。

しかし、だからといってそこに安住してはいけないのです。各人が自分の持ち場で、自分のなしたことを鼻にかけたり自慢したり、あるいは競争心でやったりするのではなくて、無心・無我でひたすら打ち込んでいく。人のために尽くし、見返りも求めない。そういう思いを持つところに一つひとつの行いが光り輝いていき、一人ひとりが光り輝いていくのです。

そして、その光がきっと世界を明るく照らす大きな光になっていくのではないかなと信じて続けていく。これこそが我々が人生を生きる意味になるのではないかと私は思っています。

あとがき

初めて触れた禅の書物が『無門関』でした。初めて書店で注文した書物が『無門関提唱』でした。修行道場で初めて講義した書物が『無門関』でした。管長に就任して初めて夏期講座で講義したのも『無門関』でした。

『無門関』の漢文に心躍らせ、暗誦し、書き写し、幾度も講義してきたのでした。思うに、我が人生はこの『無門関』と共にあったと言ってもよい気がします。

『無門関』という禅の代表的な書物と思い込んでいましたが、近年ディディエ・ダヴァン先生の研究によって、いろいろなことが明らかになってきました。ダヴァン先生の著書『帰化した禅の聖典『無門関』の出世双六《しゅっせすごろく》』（平凡社）のカバーには、「自国ではほぼ無名なのに海外でブレークした俳優や歌手がいるように、『無門関』は中国生まれながら、尊敬される禅籍の地位に上がったのは日本に来てからであった。…」と書かれています。

ダヴァン先生の本によると、『無門関』を著した無門慧開禅師は、時の皇帝理宗から金襴《きんらん》の法衣と仏眼禅師の号を賜ったほどの方でありますが、『碧巌録《へきがんろく》』の圜悟克勤禅師や、『従容録』のもととなる百則の頌古《じゅこ》を著した宏智正覚禅師ほどの評価はされていなかったようなのです。理宗に召されたのも宮中に雨乞いの儀礼を行わせるためであり、祈祷してまもなく雨が降ったので、金襴の法衣などを賜ったのでした。

また柳幹康先生の綿密な研究によって、『無門関』にある無門禅師のほぼすべての言葉は、既成の禅籍に由来していることが分かっています。無門禅師が修行僧の指導をするために、さまざまな禅籍を参考書として使っていたのであります。

そのような学問的な研究は、貴重なものでありますが、現代において『無門関』はやはり実際の禅の修行の場では重要な役割を果たしています。公案を参究する場合は、この『無門関』より入る場合が多いのです。第一則の無字の公案から始めて、四十八則の公案を数年かけて参究するのであります。私もまだ十代の頃から『無門関』の公案に参究し始めて二十代の後半まではひたすらこの『無門関』の公案に取り組んでいたのでした。書き写し暗誦した頃であります。

『無門関』の四十八則の公案は、第一則の「趙州狗子《じょうしゅうくす》」の公案を置いたこと以外は、無門禅師ご自身「前後を以て序列せず」と説かれているように順番に意味はありません。

この講義でも第一則は冒頭に講義していますが、あとは大きく五つのテーマに分けてそれぞれにふさわしい公案を取り上げています。

『無門関』の序文には、言葉にとりつき概念によって理解しようとするのは、棒で月を打とうとするようなもの、靴を隔てて足の痒《かゆ》いところを掻《か》こうとするようなものだと説かれています。書物だけは届かないものではありますが、この本をよすがに、実際に坐禅に親しんでもらうのが最も望むところであります。

本書の発行に際しては、致知出版社の藤尾秀昭社長、柳澤まり子副社長、編集の小森俊司様をはじめ致知出版社の皆様には大変お世話になりました。厚く感謝申し上げます。

令和六年三月吉日

横田南嶺

〈著者略歴〉
横田南嶺（よこた・なんれい）
昭和39年和歌山県新宮市生まれ。62年筑波大学卒業。在学中に出家得度し、卒業と同時に京都建仁寺僧堂で修行。平成3年円覚寺僧堂で修行、足立大進管長に師事。11年、34歳の若さで円覚寺僧堂師家（修行僧を指導する力量を具えた禅匠）に就任。22年より臨済宗円覚寺派管長。29年12月花園大学総長に就任。著書に『自分を創る禅の教え』『禅が教える人生の大道』『人生を照らす禅の言葉』『名僧に学ぶ生き方の知恵』『十牛図に学ぶ』『臨済録に学ぶ』、共著に『命ある限り歩き続ける』『生きる力になる禅語』（いずれも致知出版社）などがある。

無門関《むもんかん》に学ぶ

令和六年四月二十五日第一刷発行

著者　横田　南嶺
発行者　藤尾　秀昭
発行所　致知出版社
〒150-0001 東京都渋谷区神宮前四の二十四の九
TEL（〇三）三七九六―二一一一
印刷・製本　中央精版印刷
落丁・乱丁はお取替え致します。　（検印廃止）

ISBN978-4-8009-1305-0 C0095
ホームページ　https://www.chichi.co.jp
Eメール　books@chichi.co.jp

装　幀――秦　浩司
帯写真――齊藤文護
編集協力――柏木孝之